AF567585

Peter Lachnit · Heike Possert

Lesereise Färöer

Peter Lachnit · Heike Possert

Lesereise Färöer

Wo Wasserfälle bergauf fließen

Picus Verlag Wien

Aktualisierte Neuauflage 2024

Grafische Gestaltung: Dorothea Löcker, Wien
Umschlagabbildung:
© franckreporter / iStockphoto
Druck und Verarbeitung:
EuroPB, s.r.o., Tschechische Republik
ISBN 978-3-7117-1095-6

Informationen über das aktuelle Programm
des Picus Verlags und Veranstaltungen unter
www.picus.at

Inhalt

Auf der Europakarte links oben

Wie ein Schaf die Färöer bekannt gemacht hat

Durita Dahl Andreassen hatte ein Problem: Wenn sie auf Urlaub nach Spanien oder Griechenland flog, konnte sie ihre Destinationen schon vorher im Internet ansehen. Wenn sie aber ihren Urlaubsfreunden zeigen wollte, wo sie selbst wohnte, konnte sie das nicht. Denn für Google Street View existierten die Färöer nicht. Durita Dahl Andreassen ward darüber ganz traurig, konnte man doch auf diese Weise zwar auf die Spitze des Mont Blanc oder in grönländischen Häfen mit Namen wie Qaqortog oder Paamiut unterwegs sein – nur nicht auf ihren heimatlichen Inseln! Sie setzte sich hin und schrieb ein Mail an Google mit der Bitte, doch auch die Färöer mit den Rundum-Kameras zu durchfahren. Aber der Internetkonzern antwortete nicht. Da wurde Durita Dahl Andreassen gleich noch trauriger. Doch dann kam ihr die Idee, die Sache selbst in die Hand zu nehmen.

Gemeinsam mit zwei Freunden überlegte sie: Was wäre besser geeignet, die Natur der Inseln aus der Nähe zu betrachten, als eines der vielen Schafe, die auf den Färöern grasen und dabei weite Wege zurücklegen? So befestigten sie eine Dreihundertsechzig-Grad-Kamera samt Solarpanel auf dem Rücken eines der Tiere und ließen es seinen üblichen Weg nehmen. Nach einigen Tagen wurde das Schaf mithilfe eines Border Collies wieder eingefangen, die Aufnahmen wurden hochgeladen, und im Netz konnte man bald darauf, leicht schwankend, die Wiesen und Felsen aus der Augenhöhe von Schafen betrachten – und dazwischen auch pausieren, wenn das Tier gerade mit Nahrungsaufnahme oder -ausscheidung beschäftigt war. »Faroe Islands Sheep View« war geboren und verbreitete sich unter dem Hashtag »wewantgooglestreetview« – nicht ohne den extra Hinweis, dass bei den Aufnahmen selbstverständlich kein Tier zu Schaden gekommen war, sondern nur die eine oder andere Kamera. Und nachdem auf den Färöern neben den Wiesen und den Felsen auch das Meer eine besondere Rolle spielt, wurde auch auf dem Bug eines Bootes eine der Kameras angebracht. Die Aktion »Sheep View« erweiterte sich zu »Ship View«.

Der sehnsuchtsvolle Ruf nach Google verbreitete sich rasch, Menschen aus aller Welt unterstützten die Aktion, und Medien von *Al Jazeera* bis zu *CNN* berichteten von der verzweifelten Bitte der Inselbewohner. Als die Verantwortlichen des Konzerns im fernen Silicon Valley davon erfuhren, waren sie ganz gerührt und beschlossen, nun auch die entlegenen Inseln im Nordatlantik mit ihren Errungenschaften zu beglücken. Per Flugzeug wurden mehrere Kameras herangeschafft, mit denen die Straßen der Inseln abgefahren und gefilmt wurden. Aber auch auf Schiffen, auf dem Rucksack von Wanderern, auf dem Helm einer Reiterin oder auf einem Kajak wurde eine Kamera befestigt, sodass man heute auf Google Maps auch einige Pfade, Wiesen und Wege der Färöer nachgehen sowie die eine oder andere Schiffsroute nachfahren kann.

So weit die schöne Geschichte. Dass Durita Dahl Andreassen, die junge Frau, die ihre Inseln der ganzen Welt zeigen wollte, eine von der färöischen Touristenwerbung engagierte Schauspielerin ist – das tat der Verbreitung der Story auf den Zeitungsseiten der Welt keinen Abbruch. Die Kampagne, die der kalifornische Internetriese nicht schöner hätte inszenieren können, wurde beim Werbefestival in Cannes mit dem Goldenen Löwen ausgezeichnet. Und Google selbst kommentierte die Aktion mit den Schafen nicht unwitzig mit den Worten: »Wo eine Wolle ist, da ist auch ein Weg.«

* * *

Es sind durchaus originelle Wege, die die färöische Fremdenverkehrswerbung geht, um die Inseln bekannter zu machen, »to put them on the map«, wie es so schön auf Englisch heißt. Denn auf vielen Europakarten kann man die Färöer nur mit der Lupe finden. Ja, die Inselgruppe im Nordatlantik zwischen Island, Norwegen und Schottland ist klein, an Fläche gerade einmal halb so groß wie Luxemburg, und ihre Einwohnerzahl liegt fünfundfünfzigtausend – das ist etwa so viel wie im bayerischen Passau oder im vorarlbergischen Dornbirn. Auch wenn viele Bewohner die Inseln zur Ausbildung verlassen, so steigt dennoch die Bevölkerungszahl – das Überschreiten der Fünfzigtausender-Grenze wurde im Jahr 2018 als historisches Ereignis gefeiert: Nie zuvor lebten so viele Menschen auf den achtzehn Inseln. Das kleine Land hat ein Parlament, eine eigene Regierung und eine eigene Sprache, es gibt Natur im Überfluss und eine bisweilen bizarre Landschaft – sowie ein kulturelles Leben, das man eher in einer zehnmal so großen Stadt erwarten würde.

Färöer heißen übrigens nur die Inseln – ihre Bewohner werden Färinger genannt. Oft hapert es ja schon bei der Aussprache des Namens: Nein, man sagt nicht »Faröer« mit a – es heißt »Färöer«, mit Umlaut. Und wenn wir »Färöer« sagen, dann verwenden wir die dänische Bezeichnung, der färöische Name ist Føroyar. Streng genommen ist auch die Bezeichnung »Färöer-Inseln« falsch, denn »öer« oder »oyar« heißt schon so viel wie Inseln. Im Englischen heißen sie Faroe Islands, aber auch das wird »Färou« ausgesprochen. Das Wort Färöer bedeutet nicht, dass es sich um weit entfernte Inseln handelt, wie man in Analogie zum Englischen »far« vermuten könnte, sondern es heißt so viel wie »Schafsinseln« – und das ist mehr als gerecht, denn die meisten Lebewesen hier waren immer Schafe und nicht Menschen.

Die Färinger, und das ist die nächste Klarstellung, sind dänische Staatsbürger (und zwar »dänische Staatsbürger färöischer Nationalität« – dazu später noch mehr), aber sie sehen sich selbst nicht als Dänen. Und sie sprechen auch nicht Dänisch, sondern Färöisch – das ist am nächsten mit dem Isländischen verwandt und, obwohl eine germanische Sprache, für Deutschsprechende nahezu unverständlich.

Unsere innere Geografie kann auf den Färöern eine ziemliche Verschiebung erfahren. Die Wetterkarte des lokalen Fernsehsenders erscheint uns Mitteleuropäern ziemlich ungewohnt, denn hier ist in der Mitte, was sonst ganz links oben liegt. Etwa auf gleicher Höhe befinden sich Island und Norwegen, Grönland mit seinem weiß dargestellten Eispanzer ist ein bisschen weiter entfernt, ganz im Norden gibt es nur noch die Inselgruppe Spitzbergen und den Nordpol. Die Hebriden liegen weiter im Süden als die Nordspitze Schottlands, sie werden auf Färöisch folgerichtig als Suðuroyggjar, also als »südliche Inseln« bezeichnet. London liegt im »tiefen Süden«, und wenn die Färinger ins dänische Mutterland reisen, dann fahren sie »hinunter«; wenn sie dorthin ausgewandert sind, dann leben sie »unten«.

Eine zentrale Rolle spielt hier das Meer. Schauen wir auf eine Karte, so bleibt der Blick im Regelfall am Land hängen – die Ozeane nehmen wir meist nur als blauen Zwischenraum wahr. Diese Sehgewohnheit muss man auf den Färöern ablegen, hier ist das Meer keine Leerstelle zwischen den Inseln, sondern über das Meer hat sich alles erschlossen, ist man gefahren, gesegelt, gerudert. Das Meer hat die Fische und das Walfleisch gebracht sowie die Schiffe, die aus der Ferne all das geliefert haben, was es auf den kargen Inseln nicht gibt und nicht geben kann. Das Meer hat das für das Leben Notwendige, es hat aber auch den Tod gebracht. Bis ins 18. Jahrhundert wurden die Färöer immer wieder von Seeräubern überfallen, die die Dörfer plünderten und Frauen und Kinder mit sich nahmen, um sie auf nordafrikanischen Sklavenmärkten zu verkaufen. Und so wie sich bei uns in jedem Dorf ein Denkmal für die gefallenen Soldaten der beiden Weltkriege befindet, so gibt es auch hier Gedenksteine mit vielen eingemeißelten Männernamen: Es handelt sich um diejenigen, die im Sturm ertrunken, mit dem Schiff unter- oder über Bord gegangen sind, und um jene, die von den Wellen angespült wurden.

Doch die Ertrunkenen im Meer und die bei der Vogeljagd von den Klippen Abgestürzten sind heute Geschichte. Die Moderne ist auf die Färöer später als anderswo in Westeuropa gekommen – erst seit den sechziger Jahren kann man hier von einer modernen Gesellschaft reden. Und manches, wie etwa die Rolle der Religion, die Vorstellung von Erd- und Luftgeistern oder die traditionellen Sitten wirken heute einigermaßen altertümlich. Es ist eine Gesellschaft, in der es langsamer und gemächlicher zugeht und in der es weder Luftverschmutzung noch Verkehrsstaus gibt. Im einzigen lokalen Fernsehsender gibt es auch nicht jeden Tag eine Nachrichtensendung, sondern nur an vier Tagen pro Woche. Ob das daran liegt, dass hier einfach nicht genug passiert?

Man sieht hier weniger hellblonde Menschen als in Norwegen und Schweden, was am keltischen Einfluss liegt – also daran, dass die Besiedlung nicht nur aus Skandinavien, sondern auch aus Irland und Schottland erfolgt ist. Im Umgang mit Fremden sind die Färingerinnen und Färinger eher zurückhaltend, bei Begegnungen in der freien Natur wird man nicht so selbstverständlich gegrüßt wie in den Alpen, bisweilen richtet sich der Blick dabei sogar verlegen auf den Boden. Im persönlichen Kontakt aber erweisen sich die Inselbewohner als außerordentlich freundlich und erzählbereit. Vielleicht spielt die lange Phase der dänischen Bevormundung und Unterdrückung eine Rolle, schließlich haben ihnen die Kolonialherren bis ins 19. Jahrhundert eigene Schiffe und eine Zeit lang sogar die Ausreise verweigert. Seitdem aber sind sie eine an der Seefahrt orientierte Gesellschaft und daher auch weltoffen: Studiert wird in Kopenhagen und zunehmend auch an britischen Unis; es gibt erstaunlich viele Menschen, die einige Zeit im Ausland (und das nicht nur in Dänemark) gelebt und gearbeitet haben; die Urlaube verbringt man in Spanien und Südostasien oder kommt zum Skifahren in die Alpen.

Bei manchem sind die Färöer der Welt sogar voraus, so gehören sie zu den Ländern mit dem höchsten Anteil an Internetnutzern; ihr Bruttonationalprodukt pro Kopf ist höher als in Deutschland, Österreich und im Mutterland Dänemark. Gemessen an der Bevölkerungszahl ist die lokale Gruppe von Amnesty International mit tausendzweihundert Mitgliedern die größte der Welt. Es ist eine wohlhabende, aber auch eine egalitäre Gesellschaft: Der Gini-Koeffizient, der die Ungleichheit innerhalb einer Gesellschaft abbildet, ist hier mit 0,23 weltweit am niedrigsten. Die soziale Durchlässigkeit ist hoch, es kann schon einmal eine Wissenschaftlerin mit einem Fischer verheiratet sein oder sich eine Lehrerin zur Friseurin umschulen lassen. Und wenn man in einem der jungen Cafés in Tórshavn oder Klaksvík bei einem Chai

Latte und einem Lachsbagel sitzt oder im »Etika« die japanisch-färöische Fusionsküche ausprobiert, dann fühlt sich das überhaupt nicht nach einer abgelegenen Inselgruppe an.

Die Landung als Herausforderung

Wenn am Flughafen geklatscht wird

Von der Glasfront im »Flogkaffi«, dem kleinen Café im Flughafen, kann man auf die einzige Rollbahn schauen. Das Terminalgebäude ist neu und hat immerhin zwei Gates. Dort stehen wir, um Freunde abzuholen, die sich für einen Kurzbesuch angesagt haben. Die Maschine aus Kopenhagen, so zeigt der Monitor an, hat etwas Verspätung. Die Menschen um uns herum entsprechen einem Querschnitt der Inselbewohnerinnen und -bewohner. Sie warten auf ihre Männer, die beruflich in Kopenhagen waren, und auf die erwachsenen Kinder, die sich zum Heimaturlaub angesagt haben. Kinder warten auf ihre Eltern, Geschäftsleute auf ihre Partner, sportliche junge Menschen vom Typ Aussteiger auf Freunde.

Wie so oft auf den Färöern regnet es, der Himmel ist dunkelgrau, der Wind weht ziemlich. An der großen Glasscheibe rinnen Wasserbäche herab. Auf dem Monitor wird jetzt die Landung der Maschine angekündigt, das Motorengeräusch ist schon zu hören, zu sehen ist aber noch nichts. Gespannt schauen wir auf das Flugfeld, doch dann entfernt sich das Geräusch wieder und die Landebahn bleibt leer. Ein Raunen geht durch die wartende Menge, im Raum macht sich Spannung breit. Offenbar schauen wir recht verwirrt, denn die Frau, die nebenan ihren Kaffee aus einem Pappbecher trinkt, klärt uns auf: Die Maschine ist wieder durchgestartet, offenbar war der Wind zu stark, sagt sie, das kommt öfters vor. Ja, und dann, fragen wir entgeistert – was passiert dann? Dann dreht der Pilot eine Runde und setzt erneut zum Landeanflug an – und er unternimmt dieses Manöver immer wieder, solange er noch genug Benzin hat, um beim Scheitern aller Versuche in die isländische Hauptstadt Reykjavík oder ins norwegische Bergen auszuweichen. Am nächsten Tag, sofern der Wind nachgelassen hat, wird dann der Anflug auf die Färöer erneut versucht.

Das wäre schön blöd, wenn unsere Freunde einen ihrer vier geplanten Kurzurlaubstage in einem Flughafenhotel in Norwegen oder Island verbringen müssten, denken wir uns – zumal die wartende Frau auch noch lakonisch zu verstehen gibt, dass man auf derartige Verzögerungen hier immer gefasst sein muss. Sie selber war schon des Öfteren gezwungen, in Bergen oder Reykjavík zu übernachten. Aber am nächsten Tag habe es dann immer geklappt, beruhigt sie. Sie wirkt sehr gelassen, während sie auf ihren Mann wartet – im Gegensatz zu uns, denn mittlerweile hat der Regen noch zugelegt, das Rollfeld ist jetzt nur mehr schemenhaft sichtbar. Auch der Wind ist stärker geworden, das können wir am Windsack erkennen, der draußen vom Sturm gebeutelt wird. Da bleibt also nichts als das Warten.

Die Zeit dehnt sich. Nach einer Weile ist das Geräusch der nahenden Maschine wieder zu hören, dieses Mal wird es nicht leiser, bald darauf rollt der

Flieger auf der Piste aus. Und jetzt wird geklatscht, und zwar nicht nur im Flugzeug, wie wir danach erfahren – sondern auch am Flughafen. All jene, die den langen Weg hierher auf sich genommen haben, um Freunde oder Verwandte abzuholen, sind erleichtert, dass sie es nicht am nächsten Tag noch einmal versuchen müssen.

* * *

Ja, auf die Färöer zu gelangen, ist nicht immer einfach. Es gibt dazu genau zwei Möglichkeiten: mit dem Flugzeug oder mit der Fähre. Mit der Fähre dauert es je nach Jahreszeit zwischen zwei und zweieinhalb Tagen. Wer schneller hier sein will, nimmt das Flugzeug – doch dass die geplante Ankunftszeit wirklich eingehalten wird, darauf sollte man eher nicht wetten. Von Kopenhagen aus dauert der Flug zwei Stunden, im Hochsommer gibt es täglich bis zu fünf Verbindungen. Die färöische Fluglinie heißt Atlantic Airways, sie ist klassenlos, hat also keine Business Class, und fliegt auch Edinburgh, Reykjavík, Bergen, Paris und Amsterdam sowie im Sommer Ziele in Südeuropa an. Und demnächst soll es auch regelmäßige Verbindungen nach Berlin und New York geben.

Der einzige Flughafen auf den Färöern liegt auf der westlichen Insel Vágar in einem Tal zwischen zwei Bergketten. Die Maschinen der Atlantic Airways verfügen über ein spezielles Schlechtwettersystem, das ihnen bei starkem Sturm und Regen eine Landung dort erleichtert, sie gelten daher als zuverlässiger als die Flugzeuge der Scandinavian Airlines (SAS), die die Inseln ebenfalls anfliegen. Dennoch gilt der Anflug auf die Färöer in Pilotenkreisen als echte Herausforderung, und nahezu jeder Inselbewohner kann davon berichten, wie er oder sie einmal im Flughafenhotel von Bergen oder am isländischen Flughafen Keflavík warten oder überhaupt nach Kopenhagen umkehren musste, bis sich die Turbulenzen beruhigt hatten und ein Anflug auf Vágar wieder möglich war.

Dieser Anflug hat es in sich, vor allem wenn er von Westen her erfolgt: Erst kann man, bei schönem Wetter, unter sich die bizarr gezackten Felsen der kleinen Insel Tindhólmur sehen, bevor sich die Maschine zwischen zwei Bergketten absenkt, in niedriger Höhe die Häuser des Ortes Sørvágur überfliegt und die Landebahn anvisiert. Bisweilen beruhigt dann der Kapitän die Fluggäste und weist darauf hin, dass der starke Wind, der das Flugzeug beutelt, hier durchaus normal sei, und dass er außerdem jetzt stärker bremsen werde, als man das bei Landungen gewohnt ist. Denn die Landebahn von Vágar Airport ist mit tausendachthundert Metern recht kurz. Bis zum Jahr 2012 war sie sogar noch um fünfhundert Meter kürzer, dann wurde sie an beiden Enden verlängert und in den Fjord hinein aufgeschüttet. Dennoch können große Maschinen hier eigentlich nicht landen – als der Kronprinz des Emirats Dubai mit seiner Boeing 737-800 den Färöern eine Stippvisite abstatten wollte, musste auch er nach Bergen ausweichen und konnte erst beim zweiten Versuch landen.

Daran, dass sich der Flughafen auf der Insel Vágar befindet, ist der Zweite Weltkrieg schuld. Die Briten, die die Färöer seit 1940 besetzt hatten, wählten den Platz, weil er flach genug für eine Landebahn ist und weil man ihn vom Meer aus nicht einsehen kann – das sollte vor einer Beschießung durch deutsche Kriegsschiffe schützen. Als die Briten nach Kriegsende die Inseln wieder verließen, verfiel der Flugplatz, der Linienverkehr wurde erst 1963 aufgenommen. Das war eine Zeitenwende für die Färinger, denn ab nun brauchten sie bis zum dänischen Mutterland nur mehr Stunden und nicht wie bisher Tage mit dem Schiff.

Der Weg zum Flughafen bereitete lange Zeit Probleme. In der Hauptstadt Tórshavn musste man ein schwankendes Schiff besteigen, um dann in Miðvágur in einen Bus zu wechseln – bei hohem Seegang aber machte das Schiff Probleme. Erst seit der Tunnel unter dem Vestmanna-Sund im Jahr 2002 eröffnet wurde, ist Vágar und damit auch der Flughafen mit dem Auto von Tórshavn direkt erreichbar, der Shuttlebus benötigt für die Strecke eine Stunde. Der Vágartunnel zwischen den Inseln Streymoy und Vágar stellte die nächste Etappe beim Anschluss der Färöer an die globalisierte Welt dar, Reisende wie Güter können jetzt viel schneller zirkulieren – was besonders für die exportorientierte Fischereiwirtschaft von Vorteil ist. Der färöische Lachs, so rühmt die Regierung auf ihrer Website, braucht jetzt vom Fang weg nicht mehr als zweiundsiebzig Stunden, um in den USA auf dem Markt zu sein.

Die Fahrt vom und zum Flughafen ist nun kein besonderes Abenteuer mehr – wenn man von jenem Abenteuer absieht, das der Anblick der grünen baumlosen Berghänge sowie der bunten Holzhäuser mit ihren Grasdächern verheißt. Spätestens da wird den Insel-Neulingen klar, dass die Färöer ziemlich anders sind als der Rest der Welt.

Ein Schiff als Nabelschnur

Auf der »Norrøna«

Der Parkplatz ist riesig, wie viele Fußballplätze hätten darauf wohl Platz: Vierzig? Sechzig? Am Containerkai im dänischen Hirtshals hat die »Norrøna« festgemacht, die Fähre nach Island und auf die Färöer. In zweiundzwanzig Reihen warten die Autos: rechts die Fahrzeuge nach Island, links jene zu den Färöern. Jetzt in der Vorsaison sind noch wenige Touristen unterwegs, in der Warteschlange stehen vorwiegend Autos mit den färöischen blau-weißen Kennzeichen. Man kann an der Beladung erkennen, ob ihre Besitzer gerade von einer Urlaubsreise aus dem Süden zurückkommen oder in Dänemark einen Großeinkauf gemacht haben – schließlich gibt es auf den Inseln ja nur eine beschränkte Anzahl von Geschäften.

Während die Autos auf grünes Licht warten, flitzen die kurzen Zugfahrzeuge mit ihren orangen Blinklichtern über den Platz. Einen Kühlwagen nach dem anderen ziehen sie in die unteren Decks der Fähre und fahren dann wieder zurück ans andere Ende des Platzes, um den nächsten Lkw-Auflieger zu holen. All das, was nicht auf den Inseln produziert wird, muss ja erst dorthin gebracht werden – von den meisten Lebensmitteln über das Holz für den Haus- und Schiffsbau bis hin zu den Neuwagen.

Diese werden mit Schutzüberzügen versehen, damit sie nicht vor Übergabe an den Käufer beschädigt werden, und stehen dann wie einbandagiert auf den Autodecks im Inneren der »Norrøna«.

Langsam füllt sich Ladedeck um Ladedeck, die wartenden Sattelanhänger werden immer weniger. Es sind nur mehr einige, und dann ist Schluss. Für den letzten Anhänger, bis oben beladen mit Abflussrohren, reicht der Platz auf dem Schiff nicht mehr. Da wird wohl eine Baustelle auf den Färöern eine Woche pausieren müssen, bis die Fähre das nächste Mal kommt und die zurückgelassenen Rohre liefert.

* * *

Die »Norrøna« fährt einmal pro Woche von Hirtshals im Norden der dänischen Halbinsel Jütland bis nach Seyðisfjörður im Osten Islands. Auf dieser Route macht sie auf den Färöern Halt, bis hierher dauert die Fahrt zwei Nächte und eineinhalb Tage. In der Hochsaison bedient sie die Strecke zweimal in der Woche und erreicht den Hafen von Tórshavn bei erhöhtem Spritverbrauch gegenüber dem Winter acht Stunden früher. Auf dem Schiff haben fast tausendfünfhundert Reisende und achthundert Pkws Platz – und vor allem die Güter, die auf die Inseln gebracht werden müssen.

Bei den Passagieren der Fähre kann man drei Gruppen unterscheiden: Erstens die Touristen, die mit ihren Wohnmobilen oder Geländewagen nach Island wollen und davor oder danach einen Zwischenstopp auf den Färöern einlegen. Sie müssen jedenfalls Zeit haben, denn die Fahrt dauert im Sommer einunddreißig, sonst vierzig Stunden, bis nach Island weitere sechsundzwanzig Stunden. Die zweite Gruppe der »Norrøna«-Passagiere bilden die Färinger. Sie haben meist einen guten Grund dafür, statt zwei Stunden im Flugzeug zwei Tage auf dem Schiff zu verbringen: eine Urlaubsreise zum Kontinent mit dem Auto oder einen Familienbesuch mit Großeinkauf im dänischen Mutterland. Und als dritte Gruppe gibt es die Chauffeure, die ihre Lkws im Schiffsbauch verstaut und jetzt fast zwei Tage frei haben. Sie kaufen im Duty-free-Shop Sixpacks dänischen Biers, das auf dem Schiff um einiges billiger ist als auf den Färöern oder auf Island. Auch am Abend in der Bar sieht man sie ordentlich zulangen, gelegentlich müssen sie danach vom Schiffspersonal zu ihren Couchettes im Unterdeck zurückgebracht werden, alleine würden es einige nicht mehr schaffen.

Auf der »Norrøna« herrscht eine Zweiklassengesellschaft: oben das Gourmetrestaurant mit einem Chefkoch, der schon im legendären Kopenhagener »Noma« gearbeitet hat, und im Stockwerk darunter die Selbstbedienungs-Cafeteria mit Spaghetti, den rötlichen *pølser* (Würstchen) und den unvermeidlichen Fish and Chips. Auf den Oberdecks die Kabinen und Suiten, und ganz unten, und zwar noch unterhalb der Pkw- und Lkw-Decks, die offenen Abteile mit je sechs Liegen für die Backpacker und Lastwagenchauffeure.

Die »Norrøna« fährt von Hirtshals Richtung Nordwesten, sie passiert dabei die Südküste Norwegens und fährt an den schottischen Shetlandinseln vorbei – die längste Zeit der Reise aber sieht man kein Land, sondern ringsherum nur das silbergraue Meer. Kein Punkt zum Festhalten, kein Hinweis zur Orientierung – auch keine Sterne, denn meist ist es nebelig oder der Himmel grau. Wie haben das vor tausend Jahren die frühen Siedler geschafft, fragen wir uns: genau jene Richtung anzusteuern, in der Island beziehungsweise die Färöer liegen?

Eine Stunde nach dem Passieren der Shetlandinseln kommt man an Foula vorbei. Die Insel gehört noch zu den Shetlands, doch die kann man von dort aus nur ganz selten sehen, immerhin sind sie fünfunddreißig Kilometer entfernt. An den meisten Tagen des Jahres erblickt man rundherum nur das Meer, dreihundertsechzig Grad Wasser. Foula ist die abgelegenste aller britischen Inseln und besteht großteils aus blankem Fels und steilen Klippen, im Osten gibt es einige grüne Flecken und ein paar Häuser. Die Bewohner haben den Gregorianischen Kalender nie angenommen und feiern Weihnachten am 6. und Neujahr am 13. Januar. Auf Foula leben achtunddreißig Menschen, es gibt kein Geschäft und kein Pub. Dreimal in der Woche kommt das Postschiff, es braucht zwei Stunden hin und zwei Stunden zurück. Wie fühlt sich das wohl an, wenn jeder Einkauf, jeder Kinobesuch eine mehrtägige Reise erfordert? Welche Beziehungen hat man da zu den wenigen Nachbarn, beobachtet man sie dauernd und wird man von ihnen beobachtet? Wird es manchmal zu eng auf der Insel, kann man sich abweichendes Verhalten erlauben? Gibt es ewige

Feindschaften zwischen Familien? Und: Was denkt man über jenen Rest der Welt, den man so selten sieht, mit dem man aber stets via Internet verbunden ist? Wenn man zwei Tage »auf See« ist, wie es im Schiffsfahrplan heißt, dann hat man genügend Zeit, auch über derlei Dinge zu sinnieren.

Wenn die »Norrøna« Foula passiert hat, dann braucht sie noch acht Stunden, bis sie in den Osthafen von Tórshavn einbiegt und die Ankommenden vom Oberdeck auf die kleinen roten Holzhäuschen der Halbinsel Tinganes hinunterschauen können. Ist der Seegang jedoch zu hoch, dann kann die Fähre hier nicht anlanden, an diesen wenigen Tagen im Jahr muss sie weiter bis nach Kollafjørður fahren – der kleine Ort liegt zwanzig Kilometer von Tórshavn entfernt in einem Fjord und ist daher besser gegen den Wind geschützt.

Wie wichtig die »Norrøna« für das Leben auf den Inseln ist, merkt man erst, wenn man hier einige Zeit wohnt. Da ist der Salat, der in den Supermärkten zum Verkauf angeboten wird und aus Dänemark kommt – man sollte ihn am besten immer am Tag nach Ankunft der Fähre kaufen, dann ist er am frischesten. Oder das Autoersatzteil, das natürlich auch erst per Schiff geliefert werden muss, wenn es in der Werkstätte in Tórshavn nicht lagernd ist – in der Zwischenzeit ist man entweder mit einem beschädigten Auto oder mit dem Mietwagen unterwegs.

Bei vielen Waren gibt es auf den Inseln nur eine reichlich beschränkte Auswahl. Eine neue Uhr, weil die alte zu Boden gefallen und stehen geblieben ist?

Es gibt genau drei kleine Uhrengeschäfte, zwei in der Hauptstadt und eines in Klaksvík. Das Angebot ist klein – vielleicht ist es doch besser, die Uhr erst beim nächsten Mal auf dem Festland zu kaufen. Und wenn man sich eine Wohnung einrichten will, ist das Angebot an Möbeln auch enden wollend. Viele Färinger nehmen sich in diesem Fall ein paar Tage Urlaub, mieten einen Kleinbus, fahren auf die »Norrøna« und dann weiter zu Ikea ins dänische Aalborg. Fehlende Teile kann man sich ja immer noch per Post nachsenden lassen. Und vor Weihnachten ist die Fähre voll mit Weihnachtsbäumen, schließlich soll ja auch auf den baumlosen Inseln in jedem Haushalt eine dänische Tanne stehen.

Im Land des »Vielleicht«

Wo Wasserfälle bergauf fließen können

Seit zwei Wochen warten wir ungeduldig auf das richtige Wetter, um den Slættaratindur zu besteigen. Mit achthundertachtzig Metern ist er der höchste Berg der Färöer, und vom »flachen Gipfel« aus, wie er in der Übersetzung heißt, soll man alle achtzehn Inseln überblicken können. Die Legende geht sogar, dass man von hier aus auch den Vulkan Vatnajökull auf Island sehen könne, was aber wegen der Krümmung der Erdoberfläche nicht wirklich funktionieren kann – schließlich liegen dazwischen fünfhundertfünfzig Kilometer.

Die Besteigung des Slættaratindur hatten wir immer wieder verschoben, denn wenn die Wettervorhersage endlich Schönwetter angekündigt hatte, dann galt das nicht automatisch für die höchsten Bergspitzen: die blieben weiterhin in Wolken gehüllt. Heute ist aber endlich einer dieser hier so seltenen Tage mit Sonne, blauem Himmel und fast keinen Wolken. Der Parkplatz auf der Straße zwischen Eiði und Funningur ist für färöische Verhältnisse einigermaßen voll. Auf dem steilen Hang vereinzelt ein paar Wanderer, oberhalb der Schafweiden die hier waagrecht verlaufenden Felsbänder. Der Gipfel selbst ist nicht zu sehen.

Wir übersteigen einen Weidezaun. Der Weg geht

stetig nach oben, zuerst über Gras, dann über Geröll. Wir überqueren kleine Wasserläufe, es wird rutschig. Die Sicht wird bei jedem Schritt spektakulärer, mit jedem Höhenmeter erscheinen die Hänge in neuem Licht, die Täler ändern ihre Form. Immer neue Bergspitzen tauchen auf und lassen uns rätseln, um welche Insel es sich dabei wohl handeln mag.

Zwei Wanderer kommen uns entgegen, wir sehen gleich: Die haben das falsche Schuhwerk, damit sind sie nicht weit gekommen. Nach einiger Zeit die nächste Begegnung. An den Schuhen haben wir nichts zu bemängeln, doch die Frau ist kreideblass. Vermutlich Höhenangst oder Konditionsmangel, denken wir und gehen weiter, nicht wirklich beunruhigt. Der Weg ist mit den üblichen Steinhaufen markiert und gut zu überblicken, allerdings wird der Wind immer stärker. Wir setzen unsere Mützen auf und schnüren die Anoraks fester. Allzu weit kann es nicht mehr sein, auch wenn sich der Aufstieg hinzieht. Nach einiger Zeit kommt uns wieder ein Wanderer entgegen. Die Kommunikation mit ihm gestaltet sich gegen den heulenden Wind etwas mühsam: Ja, es ist nicht mehr weit, aber Achtung, nach der nächsten Biegung wird es sehr ausgesetzt und steil. Und in der Tat: Der schmale Weg führt um den Berg herum, und dort wird der Wind so heftig, dass wir uns festhalten müssen. Noch einige Schritte, dann bleiben wir stehen, fest an den Felsen gekauert, den Rücken dem Wind zugewandt. Wir warten eine Weile in der Hoffnung, dass der Sturm nachlässt. Doch das tut er nicht, weitergehen ist unmöglich. Wir geben auf, wenige Meter unterhalb des Gipfels.

Beim Abstieg Erleichterung und Ärger: Was für eine Niederlage – noch dazu an einem Tag mit klarer Sicht und Sonnenschein! Zurück am Ausgangspunkt wollen wir nur schnell ins warme Auto. Doch selbst das Einsteigen gestaltet sich schwierig: der Sturm reißt uns die Autotür aus der Hand. Sie zu schließen, wird zum Kraftakt.

* * *

Auf den Färöern ist es wärmer als am Gardasee. Das mag überraschen, stimmt aber jedenfalls für den Januar. Denn die Färöer liegen inmitten des Golfstroms, und der ist das ganze Jahr über ziemlich gleichmäßig temperiert: im Winter zwischen sieben und neun Grad, im Sommer zwischen zehn und zwölf Grad. Badeurlaub kann man hier also keinen machen. Die Inseln haben zu wenig Landmasse, um ein eigenes Klima zu entwickeln, daher unterscheidet sich die durchschnittliche Temperatur im Winter von der im Sommer nur wenig: Im Januar hat es im Mittel fünf Grad, im August elf Grad. Das ist aber für den zweiundsechzigsten Grad nördlicher Breite erstaunlich mild – schließlich liegen die Färöer genauso weit nördlich wie das sibirische Jakutsk, wo es im Januar ungemütliche minus vierzig Grad hat. Im Durchschnitt.

Im Sommer kann man auf den Färöern durchaus bei Sonne im Freien sitzen, immer wieder registrieren Touristen verwundert die Gastgärten am Tórshavner Westhafen. Bei der Messstation am Flugplatz auf Vágar wurden an einem Julitag einmal sogar vierundzwanzig Grad gemessen; im Winter sinkt das Thermometer bisweilen auch unter null. Gelegentlich schneit es dann auch, aber an den Küsten schmilzt der Schnee rasch wieder, während er auf den Bergen durchaus länger liegen bleiben kann. Das erklärt, warum in der Vergangenheit immer wieder zerstörerische Lawinen niedergegangen sind. Hinter dem Kreisverkehr bei der Ortseinfahrt von Klaksvík erinnert ein Gedenkstein an die tragische Geschichte des Bauernhofs von Gerðar: Am 12. März 1745 wurde er durch eine Lawine zerstört, bei der fünf Menschen umkamen. Die Überlebenden bauten den Hof wieder auf, doch auf den Tag genau zwanzig Jahre später, am 12. März 1765, wurde er erneut von einer Lawine verschüttet. Dabei kamen zwanzig Menschen zu Tode. An diesem Platz wurde nie wieder ein Haus errichtet, eine Lawine ist dort seitdem aber auch nicht mehr abgegangen.

Dass sich die Erderwärmung längerfristig auf den Golfstrom auswirken wird, ist unter Klimaforschern unumstritten und auf den Färöern angesichts der zentralen Bedeutung, die die Meeresströmung für das Inselklima hat, durchaus ein Thema. Und da sind die Aussichten nicht allzu erfreulich, denn allen Szenarien zufolge soll es im Nordatlantik durch die Erderwärmung paradoxerweise kälter werden. Denn wenn der Klimawandel zu einem verstärkten Abschmelzen der Eismassen der Arktis und auf Grönland führt, dann verdünnt sich der Salzgehalt des Meeres, die Strömung verlangsamt sich und kühlt ab. Ein zweites Szenario ist sogar noch dramatischer: Durch Änderungen der Strömungen im Südatlantik könnte der Golfstrom überhaupt verschwinden, im Winter würde es dann im Nordatlantik im Durchschnitt um sieben Grad kälter – das würde das Leben auf den Inseln, die Landschaft und den Fischfang wohl radikal verändern.

Doch dieses Katastrophenszenario könnte, wenn überhaupt, erst im 24. Jahrhundert eintreten. Vorläufig ist nicht die Kälte, sondern der Wind das Hauptproblem – denn der kann dazu führen, dass es sich wirklich kalt anfühlt. Und Wind gibt es nahezu immer, eine Reisereportage über die Inseln trug die Überschrift »Where the wind never stops«. Freut man sich, dass der Regen endlich aufgehört hat und die Sonne herauskommt, dann kann es schon geschehen, dass man vor der Haustür gleich wieder kehrtmacht, weil man vom Wind fast umgeworfen wird und nur mit Mühe in jene Richtung gehen kann, aus der er weht. Schnell wird man hier bei der Lektüre der Wettervorhersage zum Experten, was den Unterschied zwischen »starkem Wind« (Windstärke 6), »steifem Wind« (Windstärke 7) und »stürmischem Wind« (Windstärke 8) betrifft: bei »starkem Wind« bewegen sich die Äste, bei »steifem Wind« schwanken die Baumstämme, und bei »stürmischem Wind« brechen Zweige von den Bäumen.

Was die Briten bei Regen machen, nämlich einen Schirm aufzuspannen – das ist auf den Färöern wegen des Windes keine gute Idee. Der Wind ist auch, neben den Schafen, die alle jungen Triebe abfressen, der Grund dafür, dass die Inseln nahezu baumlos sind. Die Inselbewohner sehen das alles relativ gelassen: Reißt der Sturm die Ziegel vom Dach, zahlt ohnehin die Versicherung. Immer wieder kann man auch sehen, wie Holzhäuser auf primitive, aber wirkungsvolle Art gesichert werden: durch über das Dach gelegte Taue, an die an jedem Ende ein Felsbrocken gebunden ist. Das soll das Wegfliegen des Daches verhindern.

Neben dem Wind stellen die Wolken beziehungsweise der Nebel eine Herausforderung dar. Es kann die Sonne scheinen und der Himmel blau sein – aber die Berge bleiben in Wolken gehüllt. Strahlender Sonnenschein kann unmittelbar auf dichtesten Nebel folgen, wobei der Nebel hauptsächlich in den Sommermonaten aufzutreten pflegt. Und so wie man den Inuit nachsagt, mindestens fünfzig Worte für »Schnee« zu kennen, so soll es im Färöischen allein vierzig Ausdrücke für die verschiedenen Formen von Nebel geben.

Wenn man länger auf den Färöern ist, kann man seine Unternehmungen nach der Wettervorhersage ausrichten – bedauernswert sind jene, die nur ein paar Tage zur Verfügung haben, die dann womöglich verregnet sind. Und das ist vor allem in den Wintermonaten oft der Fall: Von Oktober bis März gibt es bis zu neunundzwanzig Regentage pro Monat – als kleiner Trost mag gelten, dass ein solcher Tag nur selten zur Gänze verregnet ist.

Polarnacht und Mitternachtssonne gibt es auf den Färöern nicht, denn sie liegen südlich des Polarkreises. Aber im Winter sind die Tage recht kurz: im Dezember wird es gegen zehn Uhr hell, bis dann um fünfzehn Uhr wieder die Dunkelheit hereinbricht. Dafür kann man dann in klaren Nächten bisweilen das Nordlicht sehen. Leirvík auf der Insel Eysturoy liegt im Winter im Schatten seines Hausbergs, am 14. Februar, wenn die Sonne das erste Mal nach drei Monaten wieder über den Berg blinzelt, wird dann mit Kaffee und Kuchen auf der Hauptstraße gefeiert.

Für die kurzen Wintertage entschädigt der Sommer: Im Juni geht die Sonne erst eine halbe Stunde vor Mitternacht unter, es wird dann zwar dämmerig, aber nie so richtig finster. Um dreiundzwanzig Uhr auf einen Berg zu wandern, ist bei schönem Wetter ein Erlebnis. Aber das nächtliche Zwielicht kann, nach der Sensation der ersten Tage, durchaus auch nerven – weil man von außen kein eindeutiges Signal bekommt, das erlaubt, endlich schlafen zu gehen.

Zur Planung seiner Tage auf den Färöern empfiehlt es sich, mehrere Wetterdienste heranzuziehen. Von den Färingern wird die norwegische Seite von yr.no als zuverlässiger angesehen als das dänische meteorologische Institut DMI – und in der Tat findet man beim norwegischen YR zu mehreren Orten der Inseln für jede Stunde des Tages detaillierte Prognosen zu Bewölkung, Temperatur, Niederschlagsmenge und Windstärke, aber auch zur Wolkendichte in unterschiedlichen Höhen der Atmosphäre. Einheimische Feinspitze ziehen auch noch den isländischen Wetterdienst Belgingur heran und bekommen dann eine Idee, wie das Wetter sein könnte – doch der Atlantik führt zuverlässig dazu, dass alles oft ganz anders wird als vorhergesagt.

Über das Wetter gibt es hier einige schöne Sager – etwa dass man auf den Färöern ohne Probleme alle vier Jahreszeiten an einem Tag erleben könne. Oder die Empfehlung: Wenn dir das Wetter nicht passt, dann warte einfach fünf Minuten. Auch kann das Wetter hier so und gleich nebenan wieder ganz anders sein. Von den Engländern haben die Färöer aus diesem Grund den Beinamen »Land of Maybe« erhalten. Als die Briten während des Zweiten Weltkriegs die Inseln besetzten, erhielten sie auf ihre Frage, ob am nächsten Tag die Fahrt zur Nachbarinsel wohl möglich sein würde, oft die Antwort *kanska* – kann sein, kann aber auch nicht sein. Und dieses *kanska*, das auf Deutsch »vielleicht« bedeutet, schien den Briten so typisch, dass sie einem Büchlein mit Tipps für den Umgang mit Land und Leuten den Titel gaben: »Kanska or The Land of Maybe«.

Das *Kanska*-Prinzip findet aber nicht nur in meteorologischen Angelegenheiten Anwendung. Das erfährt man schnell, wenn man als Besucher längerfristig ein Treffen vereinbaren will. Der Färinger, das merkt man dann, ist kein Freund lange zuvor vereinbarter Termine. Die übliche Antwort, die eher an südländische Verhaltensweisen erinnert, lautet dann ungefähr so: Das werde schon okay gehen, aber man möge doch am Tag davor noch einmal anrufen, denn vielleicht müsse man den Sohn zum Handball bringen oder sei gerade nicht am Ort … *kanska* eben.

Das wettermäßige *kanska* hat Auswirkungen auf die unterschiedlichsten Lebensbereiche. Immer wieder werden durch starken Sturm und hohe Wellen tagelang die Fährverbindungen zwischen den Inseln unterbrochen, und regelmäßig müssen Besucher auf der Vogelinsel Mykines dort überraschend übernachten, weil eine Rückfahrt nicht möglich ist – deswegen wird Mykines-Besuchern auch geraten, den Ausflug dorthin nicht am letzten Tag vor der Abreise zu unternehmen.

Der Ort Nólsoy auf der gleichnamigen Insel gegenüber der Hauptstadt Tórshavn wird durch einen Hügel vor den Winden des Atlantiks abgeschirmt. Im Winter aber können die Stürme so stark werden, dass sich die bis zu fünfzig Meter hohen Brecher über den Hügel hinweg auf den Ort ergießen. Starke Winde können auch die Fallrichtung eines Wasserfalls umkehren: Wenn der Wind waagrecht daherkommt, kann es schon passieren, dass er das Wasser wieder nach oben weht – und das schaut dann so aus, als ob der Wasserfall nach oben fließen würde. Eine besonders makabre Folge eines Sturms wird von der Nordinsel Viðoy berichtet: Dort brach bei einer Sturmflut im Jahr 1695 ein Stück der Küste ab, auch ein Teil des Friedhofs wurde ins Meer gerissen. Die Särge trieben daraufhin bis in den benachbarten Sund. Dort wurden sie geborgen, und die Toten mussten zum zweiten Mal begraben werden.

Für die Bewohner der Südinsel Suðuroy ist es auch heute noch nicht einfach: Die Fähre »Smyril« braucht von Tórshavn zwei Stunden dorthin, je nach Wochentag fährt sie zwei- oder dreimal hin und her. Das Meer rund um die Südinsel ist vor allem in den Winterstürmen ziemlich bewegt, und wie es der »Smyril« bei einem solchen Wetter ergeht, kann man in einem Bericht des lokalen TV-Senders auf Youtube sehen (»Passenger Ship Smyril in bad weather«): Von jeder Welle wird das Boot meterhoch gehoben, um dann wieder herunterzufallen, wobei das Deck des Schiffes von Wasser und Gischt überspült wird – schon beim bloßen Zuschauen hebt und senkt es einem den Magen.

Vor einigen Jahren verdarben die Winterstürme mehreren auf der Südinsel wohnenden Familien sogar das Weihnachtsfest. Denn über die Feiertage wird der Flug- und Schiffsverkehr eingestellt, zwei Tage lang sind die Inseln dann von der Außenwelt und voneinander abgeschnitten. Die letzte Maschine aus Kopenhagen trifft am 23. Dezember ein – und im Jahr 2016 hatte sie Verspätung. Der Kapitän der »Smyril« schob die letzte Abfahrt seiner Fähre hinaus und wollte auf die Fluggäste warten. Doch der immer stärker werdende Sturm zwang ihn dann doch zum Ablegen, wollte er nicht den Totalausfall der Fahrt riskieren. Danach begann die traditionelle Weihnachtsruhe – und die aus Kopenhagen eingeflogenen Passagiere mussten in Tórshavn ausharren, bis sie am zweiten Weihnachtsfeiertag dann doch noch zeitverzögert mit einer extra eingeschobenen Fähre zu ihren Familien kamen.

Bisweilen kann auch ein Konzert nicht stattfinden, weil die Musiker wegen Nebels und Sturms von einer anderen Insel nicht wegkönnen. Bei den

Musikfestivals im Sommer kommt es nicht selten vor, dass ein internationaler Act abgesagt oder verschoben werden muss, weil die Maschine nicht landen oder der Hubschrauber zum Weitertransport nicht abheben kann. Die Konzertveranstalter haben in der Regel dafür routinemäßig einen Plan B vorbereitet: eine andere, lokale Gruppe tritt auf, oder die Veranstaltung wird auf den nächsten Tag verschoben – der Saal ist dafür sicherheitshalber schon reserviert.

Ja, das Wetter hier ist wild, nass und stürmisch – aber genau das ist es, was zu atemberaubenden Ansichten und unglaublichen Farben führt. Der weite Blick, die strauch- und baumlose Gegend, die grünen Hänge mit ihren grauen Felsbändern, die unglaublichen Formationen an Bergen, Felsen und Klippen sowie die tosende Brandung des Meeres – es ist eine Landschaft wie in »Herr der Ringe«. Und das ist es, was den tiefsten Eindruck auf die Besucherinnen und Besucher hinterlässt.

Landesküstenschiffe und verlassene Dörfer

Wo sich Busfahrer über jeden Fahrgast freuen

Die Steinpyramiden, die den Weg markieren, weisen zum Ende unserer Wanderung schnurgerade hinunter ins kleine Dorf Dalur auf der Insel Sandoy. Es sind vielleicht fünfzehn bis zwanzig Häuser, die da an der Bucht liegen; Kirche und Friedhof, von einer Steinmauer umgeben, befinden sich etwas abseits. Von hier müssen wir zurück an unseren Ausgangspunkt. Zuvor haben wir den Fahrplan konsultiert, daher wissen wir: Es gibt einen Bus, er fährt zwar nicht oft, nur viermal am Tag, aber jetzt kommt er in einer halben Stunde. Im Ort befindet sich kein Geschäft oder Café, dafür ein Campingplatz für Selbstversorger. Er ist leer, kein Mensch ist zu sehen, es gibt aber ein kleines Gebäude mit Küche, Waschraum und einem Aufenthaltsraum, in dem wir die Wartezeit verbringen.

Der blaue Linienbus, eigentlich nur ein etwas größerer Kleinbus, kommt pünktlich. Ein älteres Paar mit Rucksäcken, Zelt und Isomatten steigt aus, die beiden verabschieden sich lange und herzlich vom Fahrer und gehen dann zum Campingplatz. Wahrscheinlich kennen sie einander, denken wir, und vermuten, dass das Zelten heute Nacht nicht besonders gemütlich werden wird, denn es ist Regen angesagt.

Wir steigen in den Bus und der Fahrer begrüßt uns erfreut. Dass er heute noch einmal Fahrgäste haben würde, das habe er nicht erwartet, sagt er. Schließlich hat er ja schon die zwei Rucksackwanderer, dänische Touristen, befördert. Der Mann ist ganz unfäröisch gesprächig und freut sich sichtlich über die unerwartete Abwechslung bei seiner Tour. Woher wir denn kämen, was wir hier machten, wie uns die Färöer gefielen? Wir unterhalten uns, der Fahrer erzählt, dass der Bus hauptsächlich von Schulkindern benutzt wird. Doch jetzt, in den Ferien, ist er meist allein. Die Bewohner der Orte, durch die er fährt, die kennt er natürlich alle. Mit dem Bus fährt er regelmäßig über die ganze Insel, und wenn er Urlaub hat oder krank ist, dann kommt Ersatz.

Wir fahren an mehreren Haltestellen vorbei, bleiben aber die einzigen Fahrgäste. Einen Linienbus für sich alleine zu haben, hat Vorteile: der Busfahrer bleibt für Fotostopps stehen und gibt Tipps für den besten Standort. Und am Ziel angekommen erkundigt er sich, wo wir denn genau hinwollen – und bringt uns dann bis vor die Haustür.

* * *

Die Dörfer und Städte der Färöer sind ziemlich klein und liegen fast alle an Fjorden und Buchten mit steilen Felswänden. Die längste Zeit waren sie nur über das Wasser miteinander verbunden. Selbst die Hauptstadt Tórshavn ist erst seit dem Jahr 1966 über eine Straße erreichbar – diese Straße war von der NATO in den fünfziger Jahren zu ihrer Frühwarnstation auf dem Berg Sornfell errichtet worden, von wo ein möglicher sowjetischer Raketenangriff auf die USA möglichst früh erkannt werden sollte. Die Straße ging von Tórshavn bis zu dieser Station, aber nicht weiter – das führte in den ersten Jahren nach der Wiederinbetriebnahme des Flughafens in Vágar zu einer grotesken Situation. Denn wenn das Schiff von Tórshavn zum Flughafen wegen hohen Wellengangs nicht fahren konnte, dann trat der folgende Notfallsplan in Kraft: Man nahm ein Taxi bis unterhalb der NATO-Station, bezahlte dort, ergriff sein Gepäck und kletterte die Wiese in den Fjord hinunter, wo ein anderes Taxi wartete. Mit dem fuhr man dann nach Vestmanna und nahm die Fähre über den Sund – die ging im Gegensatz zu jener aus Tórshavn auch bei schlechtem Wetter –, um anschließend in den Bus zum Flughafen umzusteigen. Es muss absurd ausgesehen haben, wie Menschen mit ihrem Fluggepäck bei Wind und Regen im Gänsemarsch einen Steig hinunterkletterten – kein Wunder, dass der Pfad den Namen »Via Dolorosa« erhielt.

Das ist nur eine der vielen Geschichten, die die schwierigen Verhältnisse in jenen Zeiten beschreiben, bevor Straßen in die steilen Hänge und Tunnels durch die Berge gesprengt wurden. Wie schwierig die Kommunikation früher war, darauf weisen auch mehrere Punkte auf der Landkarte mit dem Namen Kallanes. *Kalla* heißt rufen, und *nes* bezeichnet einen Landvorsprung, eine »Landnase« sozusagen. Das waren Punkte, von denen aus über eine Meeresenge auf eine andere Insel gerufen wurde und so Kontakt aufgenommen werden konnte.

Heute werden die meisten Orte der Inseln durch die blauen Busse der Strandfaraskip Landsins verbunden – übersetzt heißt das etwa »Landesküstenschifffahrt«, denn es ist dieselbe Gesellschaft, die auch die Schifffahrtslinien betreibt. In der Roadnovel »Schafe im Schnee«, für die sich der isländische Autor Huldar Breiðfjörð zu seinen färöischen Nachbarn begeben hat, ist es ein Running Gag, dass er stets von einem Landesküstenschiff spricht, wenn es um einen Bus geht. Der Fahrplan dieser Busse ist auf die Ankunft und Abfahrt der Fähren ausgerichtet, und sie sollen vor allem dazu beitragen, dass die Färinger auch an abgelegenen Plätzen wohnen bleiben und somit die Landflucht eingedämmt wird. Von einer Kostendeckung durch die Ticketeinnahmen ist das System jedenfalls weit entfernt. Auf der Website der Busbetreiber findet man genaue Statistiken zu den Fahrgastfrequenzen, und über die eingangs beschriebene Strecke auf der Insel Sandoy können wir dort nachlesen, dass auf ihr im gesamten Monat April 2023 ganze sechsunddreißig Fahrgäste unterwegs waren. Rechnen wir nach: Bei vier Hin- und Rückfahrten unter der Woche und zwei an Samstagen und Sonntagen heißt das, dass unser kontaktsuchender Fahrer im Schnitt nur bei jeder fünften Fahrt überhaupt Gesellschaft hatte.

Seit dem Jahr 1984 wird auch der Helikopter auf den Färöern als reguläres Transportmittel eingesetzt. Er fliegt an drei Tagen in der Woche nach einem fixen Fahrplan die beiden größten Orte Tórshavn und Klaksvík sowie einige kleine Inseln an. Die Preise für den Hubschraubertransport sind staatlich gestützt und für Einheimische nicht viel teurer als Bustickets – allerdings können nur One-Way-Tickets gebucht werden, ein Rückflug am gleichen Tag ist nicht möglich. Das soll Touristen daran hindern, den Helikopter für Tagesausflüge zu nutzen.

Hubschrauber, leere Busse und teure Straßen- und Tunnelbauten – all diese Maßnahmen können nicht verhindern, dass manche Dörfer sich immer mehr entvölkern und bisweilen auch aufgegeben werden. Die Einwohner von Slættanes auf der Nordspitze der Insel Vágar mussten zum nächsten Ort entweder mühsam zu Fuß über die Berge gehen oder das Boot nehmen, Straße gab es keine. Doch wegen der Brandung der Atlantikwellen war die See hier nur selten ruhig, sodass man mit den Booten oft tagelang nicht anlanden konnte. 1950 wohnten in Slættanes noch hundertdreißig Menschen; fünfzehn Jahre später, im Jahr 1965, verließ der letzte Bewohner den Ort.

Zum Dorf Múli auf der Insel Borðoy wurde extra eine schmale Asphaltstraße gebaut, jedoch vergebens: 1998 zogen die letzten Bewohner weg – die drei Häuser des Ortes werden heute nur mehr während der Sommermonate bewohnt. Und wer einen Bus der Linie 504 nimmt, die von Klaksvík zum Ort Kunoy auf der gleichnamigen Insel führt, sollte nicht verabsäumen, den Blick auf die steile Wand oberhalb des Ortes zu richten. Über den u-förmigen Auslass im scharfzackigen Felsen im Middagsfjall verlief hier der Pfad zum Ort Skarð an der Ostseite der Insel, und über diesen nahezu senkrechten

Abstieg kamen die Bewohner von Skarð jede Woche herüber, um zur Kirche zu gehen – achthundert Höhenmeter hinauf und achthundert Höhenmeter wieder hinunter, Sonntag für Sonntag. Bis zum Jahr 1913. Am Weihnachtsabend dieses Jahres fuhren sämtliche Männer des Dorfes zum Fischen hinaus, gerieten in einen der schweren Winterstürme, kenterten und ertranken. Im Dorf verblieben danach die Frauen und Kinder, ein Jugendlicher und ein alter Mann. Sechs Jahre nach dem Unglück beschlossen sie, den Ort aufzugeben und wegzuziehen. Heute sind von Skarð nur noch ein paar Steine übrig.

Innere und äußere Inseln

Wo die Lehrerin mit dem Hubschrauber kommt

Es ist Freitagnachmittag, und die Lehrerin Beinta Hjelm ist gerade von der Schule nach Hause gekommen. So weit, so gewöhnlich. Ungewöhnlich aber ist, dass Beinta mit dem Helikopter gekommen ist. Und auch, dass es an ihrer Schule derzeit genau einen Schüler gibt.

Beinta unterrichtet auf der Insel Stóra Dímun, der kleinsten bewohnten Insel der Färöer. Dort leben vierhundert Schafe, eine Kuh sowie zwei Familien – und deren schulpflichtige Kinder haben natürlich einen Anspruch auf Unterricht. Jeden Sonntagnachmittag reist die Lehrerin mit dem Hubschrauber an und bleibt bis Freitag. Wenn der Wind zu stark oder der Nebel zu dicht ist und der Helikopter nicht landen kann, dann muss sie einen Tag länger oder überhaupt das ganze Wochenende auf der kleinen Insel bleiben. Für private Verabredungen an den freien Tagen ist das manchmal ein Problem.

Besucher können sich auf Stóra Dímun in einem Sommerhaus einquartieren, aber nur in den Ferien oder an Wochenenden. Denn während des Jahres dient das Sommerhaus als Schule. Dort sitzt Beinta jeden Tag von acht Uhr Früh bis halb zwei Uhr nachmittags mit Sproti, ihrem einzigen Schüler. Das dritte Jahr macht sie das schon. Als sie angefangen hat, war die Schülerzahl noch doppelt so hoch, denn da war auch noch Døgg, Sprotis Schwester. Sie ist mittlerweile zu ihrer Großmutter nach Tórshavn übersiedelt und geht in eine ganz normale Schule, denn ab der achten Schulstufe kann der Unterricht nicht mehr auf der Insel stattfinden. Auch Sproti besucht einige Wochen im Jahr die Schule in der Hauptstadt.

An den Abenden auf der einsamen Insel ist die Lehrerin mit der Welt online verbunden. Sie hat begonnen, Handarbeiten wie Stricken und Sticken als Potenzial zu sehen. »Ich habe immer gedacht, dass ich nicht so kreativ bin, aber jetzt habe ich auch das Malen entdeckt«, erzählt sie. Platz zum Spazierengehen gibt es auf den zweieinhalb Quadratkilometern nicht viel, manchmal ist sie bei der Arbeit mit den Schafen dabei. Das Abendessen zur skandinavischen Essenszeit zwischen siebzehn und achtzehn Uhr nimmt sie mit der Familie der Schüler ein.

Beinta kann auf ihre Schüler wie eine Privatlehrerin eingehen, in manchen Fächern sind sie dem Stoff weit voraus, bei anderen kann sie sich intensiver ihren Schwächen widmen. Welches Fach gerade unterrichtet wird, diese Entscheidung überlässt sie meistens den Schülern. Am Freitag sollte jedenfalls der Wochenplan erfüllt sein.

Wie unterscheiden sich, so fragen wir, die Schüler auf Stóra Dímun von jenen, die sie aus ihrer Arbeit in Tórshavn kennt? Vor allem in zwei Punkten, antwortet die Lehrerin. Sie würden viel weniger im Internet abhängen und legten kaum Wert auf Aussehen, Make-up und Kleidung. Dabei sind sie keineswegs isoliert, denn immer wieder kommen Gäste und auch Touristen, die einen Ausflug auf die Insel buchen. Die Kinder leben nahe der Natur, haben eine enge Beziehung zu den Tieren und arbeiten am Hof mit. »Sie sind mehr down to earth«, sagt Beinta. »Ich selbst würde hier auf Dauer nie leben wollen, aber die Fähigkeiten, die die Kinder hier mitbekommen – die würde ich mir auch für meine Kinder wünschen.«

* * *

Die Färöer bestehen aus achtzehn Inseln, von denen nur eine, nämlich Lítla Dímun, unbewohnt ist. Die elf kleineren Holme und die siebenhundertfünfzig Schären, die es hier auch noch gibt, haben den Status einer Insel verfehlt.

Was die Erreichbarkeit der Inseln betrifft, kann man sie in drei Gruppen einteilen: zum einen jene sechs Inseln, die sozusagen das färöische »Festland« bilden und mittels Straßen, Brücken und Tunnels miteinander verbunden sind. Zweitens die drei Inseln Sandoy, Suðuroy und Nólsoy, von denen regelmäßige Autofähren zu den zentralen Inseln verkehren. Und dann gibt es noch die »äußeren Inseln«: acht kleinere Inseln am Rand, die mit dem Auto nicht erreichbar sind. Deren Bevölkerungszahl hat sich in den letzten dreißig Jahren nahezu halbiert. Heute wohnen dort insgesamt noch zweihundertsiebenunddreißig Einwohner, und manche Siedlungen werden möglicherweise bald aufgegeben werden.

Wenn man vom Touristenspot Kirkjubøur nahe der Hauptstadt Tórshavn mit seiner alten Bischofskirche Richtung Norden schaut, kann man die Insel Koltur sehen. Sie ist zwei Quadratkilometer groß, und in den Angaben des färöischen statistischen Amtes steht da bei »Bewohnerzahl« die Ziffer 1. Es handelt sich um Malan Patursson, ihre Eltern sind 1997 aus Kirkjubøur auf die damals schon leer stehende Insel gezogen, haben sie aber 2009 wieder verlassen. Wegen dieser einen Bewohnerin, die ihren Hauptwohnsitz auf der Insel hat, wird Koltur jeden Mittwoch, Freitag und Sonntag mit dem Hubschrauber angeflogen.

Die anderen der »äußeren Inseln« werden von kleinen Linienschiffen angelaufen, auf denen alles befördert werden muss, was dort benötigt wird. Die »Ritan« fährt auf die ganz im Nordosten liegenden Inseln Fugloy und Svínoy – die Vogel- und die Schweineinsel. Im Winter macht sie das zweimal, im Sommer dreimal täglich. Bei der Abfahrt in Hvannasund kann man beobachten, wie ein Schiffskran Bauholz und Zementsäcke an Bord hievt. In Boxen werden Kinderfahrräder, eine Waschmaschine und eine Leiter geliefert. Die Boxen werden mit Ketten gesichert, damit sie bei hohem Wellengang nicht verrutschen. Inselbewohner schieben Kinderwagen an Bord, die aber nicht mit ihrem Nachwuchs, sondern mit Taschen und Plastiksäcken voll mit dem Wocheneinkauf beladen sind.

Die beiden Dörfer auf Fugloy krallen sich an den steilen Abhang, die senkrechten Felswände sind unglaubliche fünfhundert Meter hoch, es gibt keine Hafenbuchten zum bequemen Anlegen. Das Schiff schwankt ebenso bedenklich wie das Ladegut auf dem Kran, das Aus- und Einsteigen wird zur Mutprobe. Wichtig dabei ist, den exakten Zeitpunkt zum Abspringen zu berechnen – denn der Höhenunterschied zwischen dem Hoch- und dem Niedergehen des Schiffs kann bei hohem Wellengang bis zu drei Meter betragen. Wenn die »Ritan« ihren Umkehrpunkt hinter Fugloy erreicht hat und man nach Norden schaut, kann man sich des Gefühls nicht erwehren, jetzt endgültig am Rand der Welt angelangt zu sein: Da liegt nur noch Spitzbergen, und dahinter der Nordpol.

Auf Fugloy lebten 2018 noch siebenunddreißig Bewohner – doppelt so viele Männer wie Frauen. Erst seit den sechziger Jahren gibt es dort elektrischen Strom, und bis vor Kurzem gab es noch eine Schule. Heute ist der jüngste Bewohner neunzehn Jahre alt. Auf Fugloy liegen zwei Dörfer, auf Youtube kann man die gut gemachte färöische Dokumentation »Burturhugur – Faroese Observations« sehen, die das Leben in Hattarvík schildert, dem kleineren der beiden Orte: Menschen in Einförmigkeit und Stagnation, die nicht viel zu tun haben und warten, dass die Zeit vergeht, die ihre Einsamkeit und den Frauenmangel beklagen und das Gefühl haben, dass sie vom Leben vergessen worden sind. Der Film kann, obwohl er von einer Produktionsfirma namens Feelgood Films produziert wurde, die Zuseher ziemlich depressiv machen.

Dass es auch anders geht, zeigt die anfangs erwähnte Felseninsel Stóra Dímun. Mit dem Boot dorthinzukommen, ist auch nicht leicht: Ein steiler, mit einem Seil gesicherter Steig führt hundert Meter vom Meer hinauf zum Plateau, auf dem sich der Bauernhof mit den zwei Familien befindet. Ein gefährlicher Weg: Im Jahr 1874 stürzte der Pfarrer der Nachbarinsel Sandoy, der zweimal im Jahr hierherkam, von den Klippen in den Tod. Erzählt wird auch von einem Inselbewohner, der zur Tischlerlehre nach Tórshavn geschickt wurde, die Ausbildung aber erst viel später antreten konnte, weil monatelang kein Schiff anlegen und ihn in die Hauptstadt bringen konnte.

Seit dem Anbruch des Helikopter- und Internetzeitalters aber geht das alles leichter. Stóra Dímun hat heute einen eigenen Internetauftritt auf Färöisch und Englisch, wo das Sommerhaus zur Vermietung angeboten wird sowie Produkte der Land- und Schafwirtschaft vertrieben werden. Nicht nur, dass die Grundschullehrerin per Helikopter kommt, auch Geigenunterricht erhalten die dort lebenden Kinder, und zwar online – die Musikerin und Geigenlehrerin Angelika Nielsen wird regelmäßig aus der Musikschule in Tórshavn per Video zugeschaltet und kann so die Griffe vorzeigen. Auf ihrer CD »Norðan« hat Angelika ihren Fernschülerinnen auf Stóra Dímun sogar ein Lied gewidmet, das so heißt wie die beiden: »Døgg og Sproti«.

Schwarze Löcher

Tunnel des Todes, Tunnel des Lebens

Vorsichtig fahren wir auf das Loch im Berg zu, mit einem mulmigen Gefühl. Von diesen einspurigen unbeleuchteten Tunnels haben wir schon einiges gehört. Und wir haben die Videos auf Youtube gesehen, wo von »tunnels of death« die Rede ist und in denen die Ängste beim Befahren der stockfinsteren und engen Röhren filmisch festgehalten sind. Haben sie recht, oder ist das alles stark übertrieben?

Die Fahrbahn ist nicht befestigt und schmal, nur wenig breiter als das Auto, links ein Wassergraben, rechts die Felswände, die feucht und erdig im Dunkeln schimmern. Von oben tropft es auf die Windschutzscheibe. Außerhalb des Lichtkegels unserer Scheinwerfer nichts als Schwärze, Enge, Nässe. Den Tunnelausgang sehen wir nicht, offenbar macht die Röhre eine Biegung. Wir stecken in einem finsteren Berg, aus dem Entkommen nur auf einer schmalen Spur möglich ist. Umkehren können wir jedenfalls nicht mehr, wir sind dem Tunnel ausgeliefert.

In Abständen blaue Schilder mit einem »M«. Sie verweisen auf die Ausweichen: Buchten neben der Fahrbahn, in denen gerade ein Auto Platz hat. In diesem Tunnel sind wir es, die bei Gegenverkehr zur Seite fahren müssen – so hat es das Verkehrszeichen bei der Einfahrt bestimmt. Und jetzt wird es ernst. In der Ferne ein Licht, das langsam näher kommt: die Scheinwerfer eines entgegenkommenden Fahrzeugs. Wie weit ist es noch entfernt? Sollen wir gleich in diese Bucht fahren, oder geht es sich noch bis zur nächsten Ausweiche aus? Lieber nichts riskieren, lieber gleich rechts hinein, den Motor abstellen und, wie es Vorschrift ist, das Abblendlicht abschalten, um den Entgegenkommenden nicht zu blenden. Doch dann passiert erst einmal lange gar nichts. Nichts kommt, es bleibt stockfinster. Wir sind offenbar zu früh zur Seite gefahren, da wären schon noch einige Buchten mehr drin gewesen. Tunnel-Greenhorns, so lernen wir, neigen dazu, sich zu schnell zu verdrücken. Die Einheimischen hingegen machen sich einen Sport daraus, möglichst nah an die Entgegenkommenden heranzufahren und erst dann auszuweichen.

Sobald der Gegenverkehr vorbei ist, fahren wir weiter und schauen ängstlich auf einen weit entfernten hellen Punkt. Wieder ein Auto? Nein, das Licht wird größer und erweist sich als die Tunnelausfahrt. Der Sehsinn erhält wieder Anregungen, die Straße wird breiter, der Blutdruck kann sinken. Wir atmen auf.

* * *

Sieben der achtzehn Inseln der Färöer sind mittlerweile durch Dämme, Brücken oder Tunnels miteinander verbunden, und das hat die innerfäröischen Verbindungen ziemlich vereinfacht. Die alten Tunnels sind kostenlos, einspurig und unbeleuchtet und garantieren den Touristen beim Befahren einigen Nervenkitzel. Die neueren Tunnels sind zweispurig und beleuchtet. Im Norðoyatunnilin, der nach Klaksvík führt, ist sogar eine Lichtinstallation des Künstlers Tróndur Patursson angebracht worden – die roten, blauen und grünen Lichtbögen zeigen an, dass die tiefste Stelle des Tunnels unter dem Meer erreicht ist und es ab nun nur mehr bergauf geht. Für die Benutzung der vier unter dem Meer hindurchführenden Tunnels muss man bezahlen, allerdings nicht bei der Ein- oder Ausfahrt – dort befinden sich nur Kameras, die das Kennzeichen fotografieren. Die Maut muss man dann in den nächsten drei Tagen an einer beliebigen Tankstelle entrichten. Die Tankstellen erfüllen am Land überhaupt eine wichtige Versorgungsfunktion, ihre Geschäfte haben auch am Abend offen und man kann dort sogar essen: Hotdogs, Hamburger und die beliebten *pylsur*, wie hier die dänischen *pølser* heißen.

Der 2020 fertiggestellte Eysturoytunnel verkürzt die Strecke zwischen Tórshavn und Klaksvík um knapp die Hälfte. Er liegt an seiner tiefsten Stelle hundertneunundachtzig Meter unter der Meeresoberfläche und kann mit dem ersten Unterwasserkreisverkehr der Welt aufwarten, der ebenfalls mit einer Lichtskulptur von Tróndur Patursson ausgestaltet ist, die an den färöischen Kettentanz erinnern soll. Im Dezember 2023 wurde der Tunnel zur Insel Sandoy eröffnet, doch ob die von den Bewohnern von Suðuroy heftig geforderte Verlängerung gebaut wird, ist noch nicht entschieden. Das wäre mit einer Länge von zweiundzwanzigeinhalb Kilometern jedenfalls einer der längsten Straßentunnel der Welt und würde auch die südlichste Insel an das anschließen, was mittlerweile *meginlandið* genannt wird – das färöische »Festland«, womit auch der stetige Bevölkerungsschwund auf den südlichen Inseln gestoppt werden soll.

Schrittweise werden auch die alten und engen einspurigen Tunnel durch neue zweispurige ersetzt. Die lang gestreckte Insel Kalsoy im Norden wird mittlerweile sogar von vier Tunnels der Länge nach durchbohrt – sie sehe damit aus wie eine Blockflöte, so lautet ein Running Gag. Ein fünfter Tunnel auf Kalsoy aber hat einen ganz besonderen Zweck: Er zweigt vom Straßentunnel ab und führt in ein Seitental, in dem Schafe grasen. Diese Weide war zuvor nur nach einer Kletterpartie für Mensch und Tier erreichbar, jetzt führt der Tunnelabzweig dorthin. Benutzt wird er nur einmal im Jahr – wenn die Schafe zur Schur zusammengetrieben werden.

Für den Tunnelbau wurden die Norweger zu Hilfe geholt – die hatten bei sich zu Hause mit den Einnahmen aus den Nordsee-Ölfeldern ein ambitioniertes Tunnelbauprogramm zur besseren Verbindung der westnorwegischen Fjorde finanziert. Umgelegt auf die Länge aller Straßen gibt es heute auf den Färöern mehr Tunnels als in irgendeinem anderen Land der Welt. Zweiundzwanzig sind es bereits, weitere sechzehn sind in Bau oder geplant. Kein Wunder, dass bisweilen von einem »Tunnelwahn« die Rede ist – doch die neue Infrastruktur hat den Inseln eine bisher unbekannte Mobilität gebracht: Man kann die Tunnels und Brücken rund um die Uhr befahren und ist nicht mehr vom Seegang und den Abfahrtzeiten der Fähren abhängig. Aber die neuen Verbindungen haben auch das langsame und beschauliche Leben, das sich an den Jahreszeiten und am Wetter orientiert hat, beschleunigt.

Das kleine Dorf Gásadalur auf der Insel Vágar war bis vor Kurzem eines der entlegensten Europas – ein dänischer Film aus dem Jahr 1990 dokumentierte dies unter dem Titel »1700 Meter von der Zukunft entfernt«. Für das »Gänsetal«, wie Gásadalur übersetzt heißt, gab es zwei Epochenbrüche: 1984 kam zum ersten Mal der Helikopter, der auch Waren und nicht allzu schwere Güter transportieren konnte – ab da mussten die wöchentlichen Einkäufe nicht mehr über den steilen Pfad getragen werden. Und im Jahr 2006 wurde der 1,4 Kilometer lange Straßentunnel eröffnet – in den ersten Jahren danach stieg die Einwohnerzahl des Ortes von vierzehn auf dreiundzwanzig an. Bis 2023 ist sie aber wieder auf dreizehn gesunken – offenbar können auch teure Infrastrukturinvestitionen wie die Tunnels die Landflucht nicht überall nachhaltig stoppen. Ihre Errichtung erschließt aber, wie man am Beispiel von Gásadalur sieht, den verbleibenden Einwohnern neue Einkommensquellen im Tourismus und in der Vermietung von Sommerhäusern. Der Ort mit seinem steil ins Meer stürzenden Wasserfall ist mittlerweile zum meist fotografierten Dorf der Färöer geworden.

* * *

Das war jahrhundertelang der einzige Zugang nach Gásadalur: vierhundertfünfzig Meter keuchend hinauf, vierhundert Meter steil hinunter. Mit dem Boot hätte man keine Möglichkeit gefunden, anzulanden, zu steil waren die Klippen. Diesen alten Weg nehmen wir, mit Bergschuhen und Rucksack. Der Anstieg ist steil, die Bergschuhe erweisen sich als Segen. In kleinen Serpentinen zieht sich der Pfad den Grashang hinauf, markiert mit gelb und rot gestrichenen Holzpflöcken. Je höher wir kommen, umso spektakulärer die Aussicht auf die bizarr geformte Insel Tindhólmur, die wie der Kamm auf dem Rücken eines versunkenen Drachens aussieht. An manchen Stellen ist es besser, nicht in den Abgrund zu schauen, der neben dem Steig steil nach unten fällt.

Diesen Weg legte Jákup Andrias Henriksen mehr als fünfzig Jahre lang zurück, um die Post nach Gásadalur zu bringen – zweimal in der Woche, jeden Mittwoch und Samstag. Er ging die Strecke bei jedem Wind und Wetter, auf den nassen Felsen im Nebel oft nur einen Fußbreit vom Abgrund entfernt. Manchmal, so wird erzählt, war es so stürmisch, dass er den Weg nur kriechend zurücklegen konnte. Heute sind die dreieinhalb Kilometer tourismustauglich nach ihm benannt: *Postmansrutan* beziehungsweise »The Postman's Path«.

Keuchend erreichen wir einen flachen, länglichen Stein. Es ist der Líkstein, der »Leichenstein«. Er erinnert daran, dass auch die Toten lange Zeit diesen Weg als ihren letzten nehmen mussten – denn in Gásadalur gab es bis zum Ende des 19. Jahrhunderts keinen Friedhof. Die Verstorbenen wurden im Sarg über den Berg geschleppt, am Leichenstein konnte der Sarg abgestellt und ausgeruht werden. An die Mühen des abgelegenen Dorfes erinnert auch ein Schild ein kleines Stück weiter, bei der Quelle Keldan Vigda. Die Geschichte, die dazu erzählt wird, handelt von einem kranken Neugeborenen, das zum Arzt nach Bøur gebracht werden sollte und dessen Zustand sich beim Transport immer mehr verschlechterte. Der begleitende Priester hielt bei der Quelle an und segnete sie, um das Kind taufen zu können. Ob es überlebt hat, ist nicht bekannt.

Nach etwa einer Stunde wird der Weg flacher und steiniger, jetzt zeigen pyramidenförmige Steinhaufen die Richtung an. Sie werden *prestar,* »Priester«, genannt, weil sie eben »den rechten Weg weisen«. In der Ferne erscheint die Insel Mykines, und bald öffnet sich auch der Blick auf das Halbrund des Gänsetals. Im Wanderführer wird beim Abstieg zu Recht vor dem losen Geröll auf dem Weg gewarnt, der zickzackförmig ins runde Plateau von Gásadalur hinunterführt. Zweieinhalb Stunden hat unsere Wanderung gedauert. Postbote Henriksen war sicher schneller, seine Route aber war länger, denn er ging ja auch wieder zurück, und sie begann schon bei der Poststelle in Bøur. Er war stets einen ganzen Tag lang auf den Beinen und hat dabei auch noch neunhundert Höhenmeter hinter sich gebracht.

In Gásadalur mit seiner Handvoll Häuser sehen wir ein Schild mit der Aufschrift »Café«. Seit der Tunnel eröffnet ist, kommen immer mehr Touristen in den Ort, sodass sich der Betrieb eines Kaffeehauses offenbar lohnt. Heute steht ein Touristen-Kleinbus an der Ortseinfahrt, der kleine Raum im

Lokal ist voll, alle Tische sind besetzt. Doch die abgelegene Lage des Ortes hat immer Improvisation erfordert, und das hat sich bis heute gehalten: Die Besitzerin des Cafés schließt einfach gleich um die Ecke eine leer stehende Ferienwohnung auf und stellt uns dort Tee, Kaffee und Kuchen auf den Küchentisch.

* * *

Noch in den sechziger Jahren hat es auf den Färöern mehrere Postboten gegeben, die zu Fuß in entlegene Dörfer unterwegs waren. Der Job war nicht ungefährlich, es gibt Berichte über abgestürzte und erfrorene Briefträger. Kein Wunder also, dass einem von ihnen, Simon Pauli Poulsen aus Fuglafjørður, eine Briefmarke gewidmet wurde. Jákup Andrias Henriksen aus Gásadalur war der Letzte dieser »Landboten«, er ging den Weg über den Berg bis zum Alter von sechsundsiebzig Jahren. Zu seinem achtzigsten Geburtstag würdigte ihn die Lokalzeitung mit den Worten: »Er begann im Alter von zwanzig Jahren als Postbote und hat die Post von und nach Sørvágur befördert, bis 1955 die Straße zwischen Bøur und Sørvágur angelegt wurde. Insgesamt ist dies eine Tour von zehn Meilen. Oft tobten furchtbare Schneestürme, und der Berghang war eine spiegelglatte Eisfläche, auf der ein falscher Schritt das Leben kosten konnte.« Als im Jahr 2003 mit dem Bau des Tunnels nach Gásadalur begonnen wurde, war es Solberg Henriksen, der Sohn des früheren Postboten, der die erste Sprengladung entzündete.

Aus Indmark und Utmark

Schafe, Rhabarber und eine Erinnerung an Alfred Hitchcock

Schafe, überall Schafe. Die Landschaft der Färöer wäre ohne sie gar nicht denkbar, bis in die höchsten Regionen der begrasten Berghänge kommen sie und stehen dabei verwegen am Rand der Klippen. Ihre Tritte formen die Landschaft, auf den steilen Grashängen entstehen Treppelwege und Rinnen, in denen sich bei Regen kleine Wasserläufe bilden.

Die Schafe wirken kleiner als bei uns, ihr Fell ist feiner, die Haare länger. Wenn der Wind bläst, sieht es aus, als umwehte eine Mähne ihren Kopf. Es gibt sie in allen möglichen Farbkombinationen: weiß, schwarz, braun, schwarz-weiß, weiß-schwarz, braun-weiß; es gibt schwarze Schafe mit braunen Beinen, weiße Schafe mit schwarzem Maul oder schwarze Schafe mit weißem Kopf. Schafe sind Persönlichkeiten, manchmal wirken sie fein und elegant wie Damen im Festtagskleid, dann wieder grimmig und hochmütig mit düsterer Miene. Gerne grasen sie zu zweit nebeneinander oder liegen ineinander verschränkt, als wären sie eng befreundet.

Im freien Gelände findet man überall Wolle, die von den Tieren abgeworfen wird, wenn sie an den Weidezäunen oder Mauern scheuern oder nicht rechtzeitig zur Schafschur eingefangen werden.

Überhaupt kann man vor der alljährlichen Schur die merkwürdigsten Schafgestalten umherlaufen sehen, die ihr Fell in langen, dicken Strähnen hinter sich herziehen – ein Anblick zum Erbarmen und zum Lachen. Früher wurden die Wollreste auf den Wiesen, Zäunen und Mauern von der armen Landbevölkerung gesammelt und verarbeitet.

Auf einem Berghang sehen wir einige Männer und Frauen mit Parkas und Wollmützen, die eine Menschenkette bilden: Mithilfe von Hunden treiben sie die Schafe zur Schur. In einem Pferch wird den Tieren eine Flüssigkeit eingeflößt, sie erhalten eine Spritze gegen Würmer, und dann wird ihnen zur Markierung noch ein kleines Stück vom Ohr abgezwickt. Danach erst werden sie geschoren. Nach der Prozedur springen sie, um einiges schlanker geworden, wieder davon. Die Wolle aber landet auf einem Haufen außerhalb der Koppel und wird meistens verbrannt – eine kommerzielle Nutzung so großer Mengen ist heute nicht mehr rentabel.

Es gibt nur wenige Bauern, die von der Schafwirtschaft leben. Meist ist das Halten der Tiere eine Nebenbeschäftigung; von der jährlichen Schafschur abgesehen machen sie ja nicht viel Arbeit, sind ohnehin dauernd auf der Weide und können auch im Winter dort bleiben. Die Schafe werden in erster Linie wegen ihres Fleischs gehalten – doch das kommt nicht in den Handel, es wird auf informellen Wegen vertrieben. Viele Familien, auch jene, die in der Stadt leben, besitzen selbst Schafe oder haben über Freunde und Verwandte Zugang dazu. Wenn man als Besucher der Inseln diese Möglichkeit aber nicht hat, kann man beim Versuch scheitern, einen Braten vom heimischen Lamm zuzubereiten. In den Tiefkühltruhen der Supermärkte findet man wohl Lammfleisch, doch das stammt aus Neuseeland – auf die Schafsinseln importiert aus achtzehntausend Kilometern Entfernung.

* * *

An die achtzigtausend Schafe soll es auf den Färöern geben – auf jeden Fall mehr als Menschen. Ihre Wolle fühlt sich besonders fett an, durch den hohen Lanolingehalt ist sie außerordentlich wasserabweisend und wetterfest. Und so hat das Stricken immer zur Identität der färöischen Frauen gehört, der Überlieferung nach haben sie auch im Gehen gestrickt, und eine Frau, die sich dem verweigert hat, galt als pflichtvergessen. *Seyða ull er Føroya gull* – die Wolle der Schafe ist das Gold der Färöer, so eine alte Redensart.

Im letzten Jahrhundert ist der Wollverbrauch stark zurückgegangen, seit einiger Zeit aber versuchen färöische Designerinnen, ihren Produkten ein schickeres Design zu verpassen als das der traditionellen Muster. Es gibt mehrere einschlägige Labels, und die nach den beiden Gründerinnen benannten Produkte von Guðrun & Guðrun verkaufen sich auch außerhalb der Färöer besonders gut, seit in der dänischen TV-Krimiserie »Kommissarin Lund« die Titelfigur einen Wollpullover dieser Marke getragen hat.

Schafe sind auch der Grund für die Baumlosigkeit der Färöer, sie eliminieren jeden kleinen Trieb verlässlich. Bäume gibt es nur in wenigen kleinen Anpflanzungen und in manchen Vorgärten, und sie sehen meist recht jämmerlich und vom Winde verweht aus. An einigen Stellen auf den Färöern, in eingezäunten und aufgeforsteten Zonen, gibt es sogar so etwas wie Wald – für den allerdings auch jener Witz gilt, der eigentlich aus Island stammt: Was macht man, wenn man sich im färöischen Wald verirrt hat? Dann muss man sich einfach nur aufrichten!

Kein Wunder, dass die menschlichen Behausungen traditionell aus Stein oder Torf errichtet wurden. Dennoch gibt es auf den baumlosen Inseln historische Holzbauten – dieses Holz wurde angeschwemmt, es war Treibholz aus Norwegen oder Russland, das an den Ufern gesammelt und dann verarbeitet wurde.

Die Häuser in den Dörfern sind fröhlich bunt, in der freien Natur aber sind die dominierenden Farben Grün und Grau: das Grün vom stets gut gewässerten Gras, das Grau der Felsen und Gesteinsbänder. Diese Bänder bilden die unterschiedlich harten geologischen Schichten der Bergrücken ab, und sie verlaufen meist leicht schräg. Grün wechselt mit Grau und wieder mit Grün ab, dann, je nach Wetterlage, das Blau oder Silbergrau des Meeres – viel mehr an Farben gibt es nicht, gelegentlich noch das Gelb der Sumpfdotterblumen und die dunklen Schatten der schnell ziehenden Wolken.

Umso abwechslungsreicher sind die Landschaftsformen: surreale Berge und spitze Felsen in jeder nur denkbaren Formation, unzählige Wasserfälle, senkrecht abfallende Klippen mit mehr als fünfhundert Metern Höhe, eine spektakuläre Brandung – und großartige Fernsichten, so es das Wetter zulässt. Eine dünne Decke aus Gras und den vielfältigsten Moosen und Flechten bedeckt den Boden. Die Inseln sind nur zu sieben Prozent kultiviert, fast alles ist unberührte, freie Natur: Grasland, Heide oder Felsen. Rund um die Siedlungen ist die Grenze zwischen der landwirtschaftlich genutzten Fläche der »Indmark« und der außerhalb der Steinmauern und Zäunen befindlichen »Utmark« deutlich zu erkennen: Die Wiesen und Äcker der Indmark sind durchgängig saftig grün, die Utmark brauner und steiniger.

Bei dem hier herrschenden Wetter und auf der dünnen Humusdecke kann man nicht viel anbauen: Gras zum Füttern der Tiere, ein wenig Gerste, Kartoffeln und Rüben. Aber überall gibt es Rhabarber – der färöische Rhabarber enthält keine Oxalsäure und hinterlässt daher kein pelziges Gefühl im Mund. Die beliebteste Marmelade ist denn auch die selbst gemachte *rabarbusúltutoy,* Rhabarbermarmelade. An den Wegrändern und entlang der Wasserläufe wächst überall die aromatische Engelwurz, sie ist die einzige hier wachsende Pflanze, die zum Würzen verwendet werden kann – in einem Land, in dem Gewürze stets eingeführt werden mussten und als Kostbarkeit galten.

In den ländlichen Siedlungen begegnet man häufig speziellen Holzschuppen zum Trocknen von *klippfiskur,* dem Stockfisch. Ihre Seitenwände bestehen aus Holzlatten, die in einem knappen Abstand voneinander angebracht sind und zwischen denen die Luft zirkulieren kann – was den Trocknungsvorgang beschleunigt, aber Vögel und andere Tiere fernhält. Stockfisch ist getrockneter Kabeljau vulgo Dorsch, er war in den Regionen des Nordatlantiks in den langen Wintermonaten der wichtigste Proteinspender und auch ein bedeutendes Exportprodukt in den Süden. In Italien wird er zum »stoccafisso«, in Portugal hat es der »bacalhau« ja sogar zum Nationalgericht gebracht. Schon die Wikinger handelten mit dem getrockneten Fisch, bei dem die Köpfe und Eingeweide entfernt werden, und für die Ökonomie der Hanse war er so bedeutend, dass deren Kontor im norwegischen Bergen im Siegel einen Stockfisch mit Krone führte.

Neben den allgegenwärtigen Schafen begegnet man hier nicht allzu vielen Säugetieren: Es gibt einige Kühe und auch Hasen. Ratten wurden erstmals 1993 gesichtet, sie sind offenbar als blinde Passagiere auf die Inseln gekommen und bedrohen nun die Vogelwelt. Und es gibt ein eigenes Färöerpferd, wenn auch nur mehr in geringer Zahl – nach Mitteilung der färöischen Pferdevereinigung gibt es nur noch vierundneunzig Exemplare dieser speziellen Pferderasse. Sie ist etwas kleiner als das Islandpferd und beherrscht so wie dieses auch die etwas stolpernd wirkende Gangart des Tölt.

Dafür gibt es aber eine Unmenge an Vögeln, vor allem in den Küstenbereichen, es sollen mehr als dreihundert Arten sein. Darunter die Austernfischer, *tjaldur,* mit ihren orangen spitzen Schnäbeln, die *lomviga,* Trottellummen, die ihren Namen wegen ihres eigenartigen Ganges erhalten haben, und die *súla,* Basstölpel, die so heißen, weil sie zutraulich sind und sich daher von den Menschen leicht »übertölpeln« lassen. Die lustig anzusehenden und ein wenig ungeschickt wirkenden *lundi,* Papageientaucher, mit ihren schwarz-weißen Smokings und den großen gekrümmten orangen Schnäbeln halten sich mit Vorliebe an den Steilküsten auf. Sie werden bis heute mit Fangnetzen gefangen und gegessen, mit Teig und Rosinen gefüllt. Früher wurden auch ihre Eier von den Inselbewohnern gesammelt, indem sich diese an Seilen waghalsig die Klippen hinabließen und die Nester ausraubten.

* * *

Der Weg ist feucht, kleine Wassergräben durchziehen das Gelände. Immer wieder gehen wir an kleinen Teichen mit sumpfigen Ufern vorbei und lernen, welche Arten Moos tragfähiger sind als andere. Kein Wald behindert den Ausblick, man sieht kilometerweit. Man kann so aber auch selbst leichter gesehen werden. Plötzlich ein Schrei, gellend, eindringlich, scharf, er erinnert an den Ruf einer Möwe. Wir drehen uns um, ein dunkler Schatten kommt direkt auf uns zu. Der Vogel visiert uns an, wir hören das Schwingen der Flügel – und erst knapp vor uns dreht er wieder ab. Die »Vögel« aus Hitchcocks gleichnamigen Film, Cary Grant, der im »Unsichtbaren Dritten« vor dem angreifenden Doppeldecker wegläuft – das sind die Bilder, die uns unwillkürlich in den Sinn kommen.

Es ist eine Skua, eine große Raubmöwe. Der graubraune Vogel kann einen halben Meter lang werden, seine Flügel haben eine Spannweite von bis zu hundertvierzig Zentimetern. Er legt seine Eier ins offene Gelände und verteidigt sie gegen alle Angreifer, ob Mensch oder Tier – das haben wir gelesen, und auch, dass er bei Wanderern mit Vorliebe deren Kopf attackiert. Immer wieder kommt der Tiefflieger zurück, peilt uns an und dreht dann in letzter Minute ab. Wir kauern uns zu Boden, fuchteln mit den Wanderstöcken und schützen unsere Köpfe mit den Händen. Die wiederholten Angriffe erschrecken und nerven, nach einiger Zeit geben wir auf und drehen um. Der Vogel hat gewonnen. Bei unserem Rückzug fliegt er noch ein paar Angriffswellen, dann entfernt sich sein Schrei, wird leiser – und klingt irgendwie zufrieden.

* * *

Auf Youtube gibt es ein Video, auf dem man einen solchen Skua-Angriff sehen kann, es heißt »Arctic skua ATTACK! Faroe Islands«. Aber auch die kleineren Küstenseeschwalben schützen ihren Nachwuchs mit Brachialmethoden und platzieren mit Vorliebe Schnabelhiebe auf die Köpfe von Wanderern, was aber weniger bedrohlich ist als bei den größeren Skuas. Die Küstenseeschwalben leben auch auf den nahe gelegenen schottischen Inseln und werden dort »tern« genannt. Von einer dieser Inseln gibt es ein Youtube-Video, das durchaus ironisch die verschiedenen Methoden demonstriert, mit denen man sich vor einer Attacke der Vögel schützen kann: indem man einen Regenschirm verwendet, sich eine Hand über den Kopf hält, sich duckt oder mit der Hand in der Luft herumfuchtelt (Dieses Video heißt »Tern attack on Inner Farne«).

Eine andere Plage, die Besuchern des Nordens bestens bekannt ist, existiert auf den Färöern aber nicht: Trotz vieler Moore gibt es hier keine Mücken, die jede Wanderung zur Qual machen könnten. Und vor Bienenstichen muss man sich auch nicht fürchten: Bienen und Wespen sind hierorts ebenfalls unbekannt.

Mehr oder weniger unabhängig

Die älteste Demokratie der Welt

Die isländische Sängerin Björk hatte es schon vor Jahren empfohlen: »Declare Independence«, sang sie 2007, und meinte damit ganz ausdrücklich ihre Nachbarinseln. Im Video zum Lied hängen Menschen als Marionetten in den Seilen und tragen dabei die Fahnen Grönlands und der Färöer. Der Text stammt von Björk persönlich, und er enthält die Aufforderung: »Declare independence/ Don't let them do that to you/ Start your own currency/ Make your own stamp/ Protect your language.« Dann haucht sie »Justice« und schlägt auf die gemeinsame Kolonialmacht ein, von der sich ihre Heimat Island jedenfalls schon länger emanzipiert hat: »Damn colonists/ Ignore their patronizing/ Tear off their blindfolds/ Open their eyes.«

Björk Guðmundsdóttir hat dieses Lied nicht nur Grönland und den Färöern, sondern bei späteren Konzerten auch Tibet und dem Kosovo gewidmet. Das hat ihr die Ausladung von einem serbischen Festival sowie eine Rüge des chinesischen Kulturministeriums eingebracht, sie würde »die Gefühle des chinesischen Volkes« verletzen. In der jüngeren Vergangenheit sang Björk »Declare Independence« auch für Schottland und Katalonien.

* * *

Die Färöer gehören zu Dänemark. Dänemark ist in der EU, die Färöer aber nicht. Wie das geht? Es geht so: Das »Königreich Dänemark« besteht aus drei »gleichberechtigten Nationen«, nämlich Dänemark, Grönland und den Färöern. Und sowohl Grönland als auch die Färöer haben sich dazu entschlossen, außerhalb der EU zu bleiben – hauptsächlich um ihre Fischereigebiete vor den großen Fangflotten aus Frankreich und Deutschland zu schützen. Außerdem sind die Färöer nicht Teil der Schengen-Zone, daher gibt es bei der Einreise Zoll- und Personenkontrollen, obwohl man innerhalb des Königreichs Dänemark bleibt. Die Überprüfung wird aber in der Regel recht locker gehandhabt beziehungsweise entfällt meist überhaupt.

Grönland, Island und die Färöer – diese drei so unterschiedlich großen Inselstaaten im Nordatlantik haben eine gemeinsame Vergangenheit als dänische Kolonien. Offiziell waren die Färöer ein dänisches »Amt«, wie die Verwaltungseinheiten Dänemarks genannt wurden – sie waren also Teil des Mutterlands. Die Dänen haben den Handel beherrscht, Lehrer und Priester geschickt, und die Einheimischen blieben die einfachen Bauern oder Fischer. Den entscheidenden Bruch brachte der Zweite Weltkrieg: Nachdem Dänemark von der Deutschen Wehrmacht überrannt worden war, besetzten die Briten Island und die Färöer, und die USA errichteten in Grönland Stützpunkte. Die Anwesenheit ausländischer Truppen brachte allen drei Gebieten einen wirtschaftlichen Aufschwung. Und dass die Verbindungen zum Mutterland Dänemark fünf Jahre lang gekappt waren, führte zu einer Stärkung der lokalen Selbstverwaltung, von der man auch nach Kriegsende nicht mehr abgehen wollte.

Island wurde nach einer Volksabstimmung im Jahr 1944 unabhängig, und auch die Färöer hielten 1946 ein solches Referendum ab. Es ergab eine Mehrheit für die Unabhängigkeit, am 18. September 1946 wurde sie in Tórshavn auch ausgerufen. Doch schon zwei Tage später wurde dieser Akt von Dänemark wieder annulliert. Denn die Mehrheit war mit hundertsechsundsechzig Stimmen äußerst knapp gewesen, und nachdem es vierhundertachtundsiebzig ungültige Stimmen beziehungsweise Enthaltungen gegeben hatte, argumentierte Dänemark, dass die Unabhängigkeitsbefürworter in Summe weniger als fünfzig Prozent, also nicht die absolute Mehrheit der Stimmen erhalten hätten. Vermutlich hätte es auch der dänische Nationalstolz nicht so leicht hingenommen, wenn sich innerhalb kürzester Zeit sowohl Island als auch die Färöer vom Mutterland abgespalten hätten.

Um eine ähnliche Frage – also: wie groß müssen Mehrheiten bei Abspaltungsreferenden sein? – ging es in den vergangenen Jahren ja auch im Konflikt zwischen Spanien und Katalonien. Im Jahr 1946 wurde das im Fall der Färöer so gelöst, dass der dänische König Neuwahlen auf den Inseln anordnete. Die ergaben dann eine Mehrheit für die Unionisten, also für die Gegner der Unabhängigkeit – offensichtlich hatten die Färinger inzwischen Angst vor ihrer eigenen Courage bekommen. Somit stand nicht mehr die staatliche Souveränität auf der Tagesordnung, sondern nur mehr eine Autonomie innerhalb dessen, was die »dänische Reichsgemeinschaft« genannt wird.

Mit dem Autonomiegesetz vom 31. März 1948 wurden die Färöer als eigenständige Nation anerkannt, ihre Bewohner wurden »dänische Staatsbürger mit färöischer Nationalität«. Dänemark ist nur noch für die Außen-, Verteidigungs- und Währungspolitik zuständig, außerdem für Justiz und Polizei. Alles andere regeln die Färinger selbst. Sie haben ein Parlament, das Løgting, und eine Regierung mit einem Regierungschef, der den Titel Løgmaður trägt, was so viel wie »Gesetzesmann« heißt.

Das Løgting hat eine altehrwürdige Geschichte, es stammt noch aus der Wikingerzeit. Die Siedler waren vor Königen und Adeligen geflüchtet, und auf den Inseln konnten sie, so wie Jahrhunderte später die europäischen Einwanderer in Nordamerika, eine Form von Basisdemokratie errichten und einmal jährlich in einer Volksversammlung die wichtigen Dinge beschließen. Dieses Althing fand ab etwa 900 auf der Landzunge Tinganes in der heutigen Hauptstadt Tórshavn statt – Tinganes heißt so viel wie »Thing-Halbinsel«. Auf dieser Versammlung wurde Recht gesprochen und über Gesetze abgestimmt, es war das wichtigste Ereignis im Jahr und bot für die auf weit voneinander entfernten Höfen lebenden Bewohner auch Gelegenheit zu Kontakt und Austausch – sowie zur Eheanbahnung. Kleinere Thing-Versammlungen fanden auch auf den einzelnen Inseln statt.

Das färöische Althing ist etwa dreißig Jahre älter als das isländische Alþing und somit die älteste bekannte demokratische Institution Europas – das mag für die Isländer schmerzhaft sein, die die Poleposition für sich beanspruchen. Neben den Färöern und Island hat eine solche Einrichtung aus der Tradition der Wikinger auch noch auf der britischen Insel Man überlebt, dort wird es »Tynwald« genannt.

Die Färinger wählen heute Abgeordnete nicht nur in ihr Løgting, sondern auch zwei Abgeordnete in das dänische Folketing. Die Repräsentation des Mutterlands auf den Inseln wird durch einen Reichsombudsmann (Ríkisumboðsmaður) oder, wie gegenwärtig, von der Reichsombudsfrau Lene Moyell Johansen ausgeübt – der Amtssitz des dänischen Hochkommissariats in Tórshavn ist daran zu erkennen, dass vor ihm eine der wenigen verbliebenen dänischen Flaggen weht.

Die Autonomie der Färöer wurde 2005 im Vertrag von Fámjin noch ausgeweitet. Benannt ist der Vertrag nach einem Zweiundneunzig-Einwohner-Ort auf der Südinsel Suðuroy, wo der färöische Løgmaður den dänischen Außenminister in seinem Wohnhaus empfing. Dabei wurde die Autonomie auch für Bereiche der Außen- und Sicherheitspolitik vereinbart. Seitdem müssen die färöischen Organe bei außen- und sicherheitspolitischen Fragen von den dänischen Behörden gleichberechtigt einbezogen werden, ihre Vertreter nehmen an internationalen Verhandlungen gemeinsam mit der dänischen Regierung teil. Und die Färöer haben seither auch eigene Vertretungen in Kopenhagen, Reykjavík, London, Brüssel, Moskau, Beijing und Tel Aviv.

Ein Symbol der färöischen Eigenständigkeit ist die Merkið genannte Flagge. Sie beruht wie in allen skandinavischen Ländern auf dem nach links verschobenen Kreuz und wurde im Jahr 1919 von drei in Kopenhagen studierenden Färingern entworfen. Bei der Farbgebung orientierten sich die Studenten an den Fahnen der früher ebenfalls dänischen Länder Norwegen und Island, ordneten sie aber anders an: Die Grundfläche ist weiß, das Kreuz rot mit blauer Umrandung. In der offiziellen Begründung heißt es, dass das Weiß den klaren und reinen Himmel über den Inseln darstellen soll – passender wäre wohl, wenn damit der häufige Nebel symbolisiert würde. Im Zweiten Weltkrieg verlangten die Briten, dass die Schiffe der Färöer anders beflaggt werden müssten als jene aus Dänemark, das ja von den Deutschen besetzt war. So wurde die »Studentenfahne« aufgezogen, die damit zur offiziellen Flagge wurde. Ihr Original wird übrigens bis heute in der Kirche in Fámjin aufbewahrt, jenem Ort, in dem 2005 der erwähnte Vertrag zur Erweiterung der Autonomie abgeschlossen wurde. Als zum Nationalfeiertag 2016 vor der dänischen Repräsentanz in Tórshavn eine färöische Fahne gehisst wurde, auf der die Farben Blau und Rot vertauscht waren, war die Aufregung groß – schien das doch wieder ein Beweis für die Geringschätzung durch das dänische Mutterland zu sein.

Auf die Symbole der nationalen Eigenständigkeit wird eben großer Wert gelegt. Die Färöer haben eine von der UEFA anerkannte Fußballnationalmannschaft, wie schon manche europäische Nationalelf schmerzvoll feststellen musste. Sie haben eine eigene Post mit blauen (und nicht wie im Mutterland Dänemark roten) Briefkästen, eine eigene Telefonvorwahl (+298) und einen Internet-Ländercode (.fo). »FO« steht auch auf den Kennzeichen der Autos, und es gibt sogar eigene Banknoten mit färöischen Aufschriften und Motiven – die Währung darauf ist allerdings die Dänische Krone. Theoretisch gelten diese Geldscheine auch im Mutterland, werden dort aber in der Regel nicht angenommen, sodass es sich empfiehlt, die färöischen Noten vor der Abreise noch schnell auszugeben oder gegen dänische umzutauschen.

Auch wenn die Färinger all das schon haben, was Björk in ihrem Lied empfiehlt (eigene Währung, Sprache und Briefmarken), ist das Thema der Eigenstaatlichkeit, also die völlige Unabhängigkeit von Dänemark, weiter aktuell. Vor allem die Ölfunde in der Nordsee, die ja auch die Selbständigkeitsbestrebungen in Schottland beförderten, haben die Debatte wieder angekurbelt. Die finanzielle Unterstützung durch die dänische Regierung ist in den letzten Jahren gesenkt worden, macht aber immer noch sechs Prozent des Budgets der Färöer aus. Das versetzt den Unabhängigkeitsbestrebungen einen spürbaren Dämpfer, zumal sich auch die Hoffnungen auf Erdölfunde im Festlandsockel rund um die Inseln bislang nicht erfüllt haben.

Eine Besonderheit des färöischen politischen Systems besteht darin, dass es nicht nur zwischen links und rechts, sondern auch zwischen Unabhängigkeitsbefürwortern und -gegnern aufgespalten ist. Es gibt also je eine konservative, liberale und linke Partei für die Unabhängigkeit und auch je eine dagegen – im Løgting sitzen daher immer mindestens sechs Parteien. Während die Unionisten die Beziehungen zu Dänemark betonen und vor den finanziellen und wirtschaftlichen Risken der Eigenstaatlichkeit einer so kleinen Gesellschaft warnen, streben die Sezessionisten den Status einer eigenständigen Republik an. Sie argumentieren mit der eigenen Sprache und Kultur – und damit, dass Dänemark mehr als tausend Kilometer von den Färöern entfernt liegt. Die Anhänger der Eigenstaatlichkeit orientieren sich an anderen europäischen Abspaltungsbestrebungen und haben 2018 etwa den damaligen katalanischen Ministerpräsidenten Carles Puigdemont demonstrativ ins dänische Parlament eingeladen – dennoch agiert die Unabhängigkeitsbewegung auf den Färöern anders als in Irland, Korsika oder Katalonien völlig gewaltfrei.

Auf der symbolischen Ebene ist die Unabhängigkeit schon weit gediehen: Die Autonomieregierung residiert im Regierungsviertel der Halbinsel Tinganes in Tórshavn in malerischen rot gestrichenen Holzhäuschen mit Grasdächern. Ihr Chef, der Løgmaður, nennt sich auf Englisch »Prime Minister«, die Mitglieder seiner Regierung werden gegenüber Ausländern als »Minister« apostrophiert. Und wenn Besuch aus einem anderen nordischen Land kommt, wird wie bei einem Staatsbesuch auf der Residenz des Løgmaður die jeweilige Landesfahne aufgezogen.

Wenn es aber um den Reisepass geht, dann handeln auch die Unabhängigkeitsbefürworter durchaus opportunistisch: Obwohl die Färinger sich einen eigenen (grünen) Reisepass ausstellen lassen können, ziehen doch die meisten Bewohner den (weinroten) dänischen EU-Pass vor, was angesichts der Tatsache, dass die Färöer nicht in der EU sind, einigermaßen paradox ist. Doch selbst die deklarierten Anhänger der Unabhängigkeit bevorzugen, wie eine Umfrage ergeben hat, mehrheitlich den Pass der einstigen Kolonialmacht.

Barbaras Sehnsucht

Abgeschieden am Rand der Welt

Sie hatte sie alle gehabt: den Dompropst als Verlobten, den Pastor Jónas Jónasen als Ehemann, und nach dessen Tod seinen Nachfolger Niels Aagaard. Jónas war Pfarrer für die Nordinseln, mit ihm war sie nach Viðareiði auf die Insel Viðoy gezogen. Nachdem er vom Pferd gefallen und sich das Genick gebrochen hatte, war Barbara nach Tórshavn zu ihren Eltern zurückgekehrt. Obwohl Hauptort der Inseln, war es nur ein größeres Dorf mit schlammigen Wegen und niedrigen Holzhäusern. Wenn endlich wieder ein Segelboot in Sicht kam, strömten alle Bewohner voll Neugierde und Erwartung ans Ufer. Und als einmal ein französisches Kriegsschiff anlandete, da verfielen die Färingerinnen den Tanz- und Verführungskünsten der fein parfümierten fremden Soldaten. Mehrere sogenannte »Franzosenkinder« waren die Folge.

Barbaras Vater war oberster Gerichtsschreiber, ein Däne also, einer von den besseren Leuten, und bei ihm lernte sie Niels kennen, den neuen Pastor. Auch er war wie ihre anderen Männer aus Dänemark gekommen, mit einem Schiff namens »Fortuna«, und auch er verkörperte eine andere Welt: eine, die weit weg war, in der es sowohl Bälle gab als auch Gelehrsamkeit, in der man nicht über Wasserläufe springen musste, sondern über Brücken schritt, und wo man eine feinere Sprache verwendete als die Bauern hier auf den Färöern. Mit Niels Aagaard zog Barbara auf die Insel Vágar, dorthin war er als Pfarrer zugeteilt. Sie rupfte Gänse und trieb Schafe zusammen und sehnte sich nach Tórshavn. Dorthin war man eine Tagesreise unterwegs und musste von einem einfachen Boot über den Sund gebracht werden, auf dem zehn Männer auf Kommando die Ruder schlugen.

Und dann kam Andreas, der Student aus Kopenhagen. Auch er brachte die neueste Mode mit, neue Ideen, und auch eine Lockerheit, die es auf den engen und streng religiösen Inseln nicht gab. Barbara verließ ihren Mann und verfiel Andreas, und als dieser wieder abreiste, blieb sie zurück inmitten bärtiger Männer mit Mützen, groben Wolljacken und Stiefeln.

* * *

Der Roman »Barbara« von Jørgen-Frantz Jacobsen orientiert sich an der historischen Figur der Beinta Broberg, die von 1667 bis 1752 auf den Färöern lebte, mit drei Pastoren verheiratet war und sie alle überlebte. Sie hat den Ruf einer Femme fatale, wurde für den frühen Tod ihrer ersten beiden Ehemänner verantwortlich gemacht und für die Geistesverwirrung ihres dritten Mannes. Sie erhielt den Beinamen Illa Beinta, also die »böse Beinta«, dabei war ihre Triebfeder doch nur die Sehnsucht nach Liebe und einem interessanteren Leben. Jacobsens

Roman, erschienen 1939, wurde in mehrere Sprachen übersetzt und war der erste färöische Beitrag zur Weltliteratur. 1997 wurde der Stoff von Nils Malmros verfilmt. Der dänische Regisseur, der auch Arzt war, war eigens ans Krankenhaus nach Tórshavn übersiedelt, um sich mit dem Land vertraut zu machen. »Barbara« wurde im Tórshavner Nordischen Haus uraufgeführt, war der bis dahin teuerste dänische Spielfilm aller Zeiten und wurde in ganz Skandinavien ein großer Erfolg.

Die Abgelegenheit und die Sehnsucht nach dem entfernten Europa ist in der färöischen Literatur ein immer wiederkehrendes Thema. Der Schriftsteller William Heinesen schreibt im Roman über seine Jugend vom Horizont, hinter dem »die große Welt« liegen würde. Der königlich dänische Justizrat Carl Julian Graba berichtet in seinem »Tagebuch, geführt auf einer Reise nach Färö im Jahre 1828« von der Ankunft seines Schiffes im Hafen von Tórshavn: »Hunderte von Menschen kletterten auf den Klippen herum, die erfreuliche Ankunft des Schiffes zu betrachten, welches sie mit dem übrigen Europa wieder in Verbindung setzte, von dem man hier in sechs Monaten keine Nachricht gehabt hatte.« Graba fühlt mit den dänischen Beamten mit, die auf die Färöer versetzt waren und jetzt »die weißen Segel näher kommen sehen, die ihnen Kunde von ihren Angehörigen und ihrem Vaterlande bringen«.

Die Färöer waren Dänemarks vergessene Kolonie, Kopenhagen kümmerte sich wenig um die entlegenen Inseln. Im 16. Jahrhundert schlug der dänische König seinem englischen Monarchen-Kollegen

Heinrich VIII. sogar vor, die Inseln zu kaufen, doch dieser lehnte ab – die Färöer wären sonst, wie auch die Orkney- und die Shetlandinseln, heute ein Teil Schottlands.

Im Tórshavner Regierungsviertel Tinganes befindet sich das alte Lagerhaus Portugalið, in dessen Außenmauer die Jahreszahl 1693 und der Name »Frederik von Gabel« eingraviert ist. Nach den beiden Kaufleuten Christoffer und Frederik von Gabel ist die »Gabel-Zeit« benannt – sie gilt als die dunkelste Periode der färöischen Geschichte. Die beiden Holsteiner, Vater und Sohn, hatten die Färöer als Lehen vom dänischen König Frederik III. bekommen, der bei ihnen verschuldet war. Sie pressten die Inselbewohner durch Steuern und Abgaben aus und führten sie in bittere Armut. Sie selbst waren nie auf den Färöern, sondern übten ihre Macht durch korrupte und inkompetente Statthalter aus. Wer dagegen aufbegehrte, wurde in der Festung Skansin eingekerkert. Die Zustände waren so schlimm, dass die Färinger versuchten, dem König in Kopenhagen eine Protestresolution zu überbringen – doch das gelang ihnen nicht, weil die Gabels das Handelsmonopol besaßen und somit auch den gesamten Schiffsverkehr kontrollierten.

Erst nachdem Christoffer Gabel aufgrund von Palastintrigen beim König in Ungnade gefallen war, konnte eine Delegation von Färingern unter dem Pfarrer Lucas Jacobson Debes ihre Beschwerden beim König vortragen. Während sich die Gruppe in Kopenhagen aufhielt, brach daheim auf Tinganes ein Großbrand aus, bei dem viele Akten und historische Dokumente vernichtet wurden – es war wohl ein Versuch der Gabel-Leute, belastende Dokumente zu beseitigen, bevor eine Regierungskommission aus Kopenhagen anreisen konnte.

Das Handelsmonopol, das nach der Gabel-Zeit wieder an die dänische Krone zurückfiel, verstärkte die Isolation der Inseln noch. Anders als noch zur Wikingerzeit gelangten aus diesem Grund nur sehr selten Schiffe anderer Länder zu den Färöern, und das Monopol verhinderte auch, dass die Färinger selbst internationalen Handel treiben konnten. Es gibt die Geschichte eines Mannes, der von einem vorbeifahrenden holländischen Schiff Schals für seine Familie gekauft hatte – das war ein Verstoß gegen das Handelsmonopol, demzufolge man Waren nur von dänischen Schiffen erwerben durfte, und zwar zu einem höheren Preis. Der Mann kam wegen seines Vergehens vor den Richter. Bei der Verhandlung erschlug er in seiner Wut einen der Beisitzer und flüchtete daraufhin auf die Shetlandinseln. Ja, auch das so gemütliche Dänemark hat bei der Kolonialgeschichte seine problematischen Seiten …

Wegen des Handelsmonopols war es den Färingern auch nicht erlaubt, eigene Schiffe zu besitzen. Daher wird Poul Poulsen, genannt Nólsoyar Páll, also »Paul aus Nólsoy«, als färöischer Nationalheld angesehen. Er hatte in Tórshavn Kontakt zu ausländischen Seeleuten, das verschaffte ihm zu Beginn des 19. Jahrhunderts das Know-how, gemeinsam mit Freunden ein auf der Südinsel gestrandetes Schiff zu heben und umzubauen – es war das erste

Schiff in färöischem Besitz seit der Wikingerzeit. Dem Schiff gab er den Namen »Royndin Fríða«, was so viel heißt wie »der freie Versuch«. Die Unabhängigkeitsbefürworter tragen bis heute eine Anstecknadel mit dem Porträt des Nólsoyar Páll.

Als 1856 das dänische Handelsmonopol abgeschafft wurde, begann, wie es der Schriftsteller William Heinesen formuliert, »die Neuzeit das maßlos lange und zähe färöische Mittelalter langsam zu verdrängen«. Die Gesellschaft wandelte sich allmählich von einer traditionellen Agrar- zu einer Fischergesellschaft. Denn jetzt durften die Färinger auch eigene Schiffe besitzen, ihre erste Fangflotte bestand aus ausrangierten schottischen Schiffen, die sie noch dazu ankaufen mussten. Der Aufschwung der Fischerei führte zu einem Bevölkerungswachstum: Um 1800 gab es auf den Inseln an die fünftausend Einwohner, um 1900 waren es mit fünfzehntausend schon dreimal so viele. Im Jahr 1870 wurde dann eine Dampfschifffahrtsline über die Shetlands nach Kopenhagen eingerichtet – seither stellt es jedenfalls keine Sensation mehr dar, wenn ein Schiff anlandet.

Aristoteles auf Föröisch

Warum der Helikopter nicht so heißen darf

Das lang gestreckte Holzhaus mit dem Grasdach ist ochsenblutrot gestrichen und hat raumhohe weiße Sprossenfenster. Es beherbergt die größte und älteste Buchhandlung der Färöer, H. N. Jacobsens Bókahandil. Hier werden auch Spiel- und Papierwaren verkauft, ein Café befindet sich gleich anschließend. Buchhändlerin Oddbjørg Christiansen erklärt, dass es insgesamt vier Buchläden auf den Färöern gibt, dieser hier wurde schon 1865 gegründet. Damals lag das Haus am Stadtrand, heute steht es mitten im Zentrum, gleich gegenüber dem Rathaus von Tórshavn.

Bei Jacobsens gibt es Bücher in drei Sprachen: auf Färöisch, Dänisch und Englisch. Etwa die Hälfte der verkauften Bücher sind in der Landessprache geschrieben, der Rest mehrheitlich auf Dänisch. Jährlich erscheinen auf den Färöern über zweihundert Titel – vieles davon sind Übersetzungen. Wir sehen Aristoteles, Shakespeare und Camus, aber auch Marlen Haushofers »Wand« auf Färöisch: »Veggurin« heißt ihr Roman hier. »Wir tun alles, damit die Leute Färöisch lesen«, sagt die Buchhändlerin.

Ein ganzes Regal ist färöischer Lyrik gewidmet – das verwundert, weil selbst im mehr als tausendmal so großen deutschen Sprachraum Gedichtbände ja kaum kostendeckend zu verbreiten sind. Die Erklärung dafür ist überraschend: Viele färöische Autoren verlegen ihre Titel selbst – bei der Kleinheit der Zielgruppe brauchen sie für die Verbreitung ihrer Werke keinen großen Vertriebsapparat, sondern liefern die Exemplare persönlich von der Druckerei in die Buchhandlungen. Ein Autor soll sogar seine Kinder von Haus zu Haus schicken, um seine jährlich neu erscheinenden Erzählbände ambulant und mit sanftem Druck an die Leserin und den Leser zu bringen.

Es gibt auf den Färöern immerhin zwei Verlage, und die Buchproduktion wird staatlich gefördert – auf Bücher wird keine Mehrwertsteuer eingehoben. Auch die Schulbücher gibt es mittlerweile fast alle auf Färöisch, nur in den höheren Schulstufen werden dänische Unterrichtsmaterialien verwendet. Es gibt zwei färöische Wochenzeitungen, die großen Zeitschriften und Magazine stammen hingegen aus Dänemark – sie werden per Flugzeug gebracht und stehen ihren Leserinnen und Lesern hier erst einige Tage später zur Verfügung als im Erscheinungsland.

* * *

Dass die färöische Sprache überhaupt noch existiert, verdankt sie zwei Entwicklungen: erstens der Tatsache, dass die Dänen die Inseln zwar beherrschten, sich aber dort nicht massenhaft ansiedelten. Und zweitens dem europäischen Nationalismus der zweiten Hälfte des 19. Jahrhunderts, der auch eine färöische Nationalbewegung entstehen ließ.

Das Färöische hat sich durch die abgeschiedene Lage der Inseln, wo es nur wenig Außeneinflüsse gab, seit dem Altnordischen der Wikinger nur wenig verändert. Verwandt ist es mit dem Isländischen, dem Westnorwegischen und dem Norn, das auf den Shetland- und Orkneyinseln gesprochen wurde. Doch die schottische Kolonisation der Inseln hat das Norn verdrängt, der letzte Muttersprachler ist 1850 verstorben. Das Isländische und das Färöische hingegen sind beide erhalten geblieben – aber nur als Volkssprachen. Auf den Ämtern wurde Dänisch gesprochen, auch unterrichtet wurde nur auf Dänisch. Weder in der Schule noch in der Kirche durfte das Färöische verwendet werden. Als im Zuge des Entstehens der färöischen Nationalbewegung der Pfarrer von Kvívík, Venzel U. Hammershaimb, seine Silvesterpredigt 1855 erstmals in der Landessprache abhielt, waren die (färöischen!) Zuhörer entsetzt darüber, dass das Wort Gottes in dieser minderwertigen Sprache verkündet wurde.

Der sogenannte »färöische Sprachenstreit« zog sich mehr als ein halbes Jahrhundert hin und drehte sich um die Frage, in welcher Sprache der Schulunterricht stattfinden sollte – während die Anhänger des Färöischen das Ende der dänischen Fremdbestimmung forderten, argumentierten die Befürworter des Dänischen, dass diese Sprache die besseren Möglichkeiten für den sozialen Aufstieg böte. 1909 erschien der erste Roman auf Färöisch, in den Schulen wird es erst seit 1937 unterrichtet. Durch das Autonomiegesetz von 1948 wurde das Färöische zur Amtssprache, das erste Wörterbuch wurde aber erst 1998 veröffentlicht. Dänisch wird als Zweitsprache ab der dritten Schulstufe gelehrt, die Verlautbarungen des färöischen Parlaments müssen (auch) auf Dänisch erfolgen – ansonsten aber verliert das Dänische immer mehr an Bedeutung.

Um das Färöische als Sprache zu etablieren, musste es erst verschriftlicht werden, und das geschah nicht nach der Aussprache, sondern nach der Herkunft der Worte. Die Nationalisten des 19. Jahrhunderts wollten damit die Kontinuität aus dem Altnordischen und die Verbindung zum Isländischen unterstreichen. Das führte etwa dazu, dass der Buchstabe ð eingeführt wurde, der aber stumm bleibt – anders als im Isländischen, wo er dem stimmhaften th entspricht. Versucht man als Besucher, die Ortsnamen richtig auszusprechen, stößt man an seine Grenzen, denn die Konsonanten g, k und r klingen je nach dem Nachbarbuchstaben und der Stellung im Wort unterschiedlich. Der Touristen-Hotspot Kirkjubøur wird etwa »Tschschuböur« mit einem am Schluss vibrierenden r ausgesprochen.

Obwohl es sich um eine germanische Sprache handelt, können Deutschsprachige nur selten bekannte Wörter erkennen. Während man im Dänischen, Norwegischen oder Schwedischen manchmal den Sinn von Zeitungsschlagzeilen verstehen kann, ist das im Färöischen nahezu aussichtslos. Als Autofahrer sieht man am Straßenrand gelegentlich eine Tafel mit der Aufschrift »Halt Hómarksferðina!«. Wenn man irritiert abbremst und ob dieser Aufforderung ins Grübeln gerät, handelt man unwillkürlich richtig – denn sie bedeutet »Beachte die Höchstgeschwindigkeit!«.

Mit den anderen skandinavischen Sprachen hat das Färöische gemeinsam, dass der Artikel an das Wort angehängt wird: Tageszeitung heißt zum Beispiel auf Schwedisch »dagblad«, *die* Tageszeitung aber »dagbladet«. Im Färöischen lautet das Suffix für den bestimmten Artikel *-in* – nachdem aber viele Substantive auf *-ur* enden, ergibt das bisweilen recht unschöne Wortbilder: Der Admiral (mit Artikel) heißt *admiralurin*, eine linke Wochenzeitung *Sosialurin*, was so viel wie »Der Soziale« bedeutet. Im Jahr 2005 wurde dieser Name in Norwegen zum »lustigsten Firmennamen der Welt« gewählt.

So wie das Dänische kennt das Färöische auch die Buchstaben æ und ø, außerdem noch á, í, ó, ú und ý, dafür aber kein c, w oder x. Das führt zu der absurden Situation, dass Touristen bisweilen auf der Suche nach der Toilette ratlos vor dem Schild »*Vesi*« stehen – denn so wird, mangels der Buchstaben W und C, hier eben das WC umschrieben. In letzter Zeit ist eine Diskussion entstanden, ob man nicht doch das C zulassen sollte, damit man Chile nicht *Kili* oder das Cello nicht *sello* schreiben muss. Doch die Traditionalisten lehnen das ab, schließlich hatten ja die alten Wikinger auch kein C (und auch kein Cello). Und was Fremdwörter betrifft, sind die Färinger ähnlich dogmatisch wie die Isländer. Ein eigener Sprachrat unterstützt die Kreation neuer färöischer Wörter und bedient sich dabei in der Regel isländischer Neuschöpfungen: das Fernsehen heißt *sjónvarp*, wörtlich »Sicht-Wurf«, das Radio wird zum *útvarp*, was in der Übersetzung reichlich unschön »Aus-Wurf« bedeutet. Und damit der Hubschrauber ja nicht fremdländisch »helikoptari« genannt werden muss, wurde er zum *tyrla* – das heißt »Quirl«.

Außerhalb der Inseln kann Färöisch nur in Kopenhagen und an einer Erwachsenenbildungseinrichtung in Schleswig-Holstein studiert werden. Eine Ausnahmeerscheinung war der im niederösterreichischen Waldviertel lebende Ernst Krenn, der als Hauptschullehrer und Privatgelehrter in der Mitte des 20. Jahrhunderts zu einem der wichtigsten Faroisten wurde. Er lernte Färöisch als Autodidakt, promovierte und habilitierte sich darüber. Er verfasste sogar eine »Föroyische Sprachlehre« und ein Färöisch-Deutsches Wörterbuch – alles, ohne je auf den Inseln gewesen zu sein. Seine erste Reise dorthin machte er erst im Alter von einundvierzig Jahren.

Das Dänische hat auf den Inseln ziemlich an Bedeutung verloren, im Alltag ist heute das Englische die wichtigste Fremdsprache. Wenn etwas zweisprachig angeschrieben steht, dann neben Färöisch auf Englisch. Dass die meisten Färinger Englisch sprechen, dazu trägt auch die in allen skandinavischen Ländern verbreitete Praxis bei, TV-Serien oder Kinofilme nicht zu synchronisieren, sondern nur zu untertiteln. Und bei öffentlichen Veranstaltungen wie etwa bei Konzerten ist es üblich, automatisch ins

Englische zu wechseln, sobald auch nur eine nicht Färöisch sprechende Person im Saal ist. Mittlerweile gibt es Online-Wörterbücher in mehreren Fremdsprachen, auch auf Deutsch (sprotin.fo), demnächst soll sogar ein Färöisch-Chinesisches Wörterbuch herauskommen.

Nach dem Erfolg der Werbekampagne mit Google Street View hat die Färöische Fremdenverkehrswerbung eine weitere ähnliche Aktion gestartet. Jetzt wird nicht nach kamerabewehrten Autos gerufen, sondern nach dem Google Translator. Und solange es den auf Färöisch nicht gibt, helfen Freiwillige aus: Auf der Seite Faroe Islands Translate können Begriffe eingegeben werden, die Anfragen werden von Einheimischen beantwortet, die die färöische Übersetzung in eine Webcam oder Handykamera sprechen. So können Besucher und Besucherinnen erfahren, wie man auf Färöisch fragt, wann es denn zu regnen aufhören wird oder wie man eine Anmache mit den Worten »Vergiss es!« abwehren kann.

Die Kampagne Faroe Island Translate hat das Ziel, Google zu veranlassen, Färöisch als hundertvierte Sprache in seinen Translator aufzunehmen – und natürlich auch, für die Färöer als Destination zu werben. Denn wie sagt Súsanna Sørensen von der Touristenorganisation Visit Faroe Islands? »Es ist eine ziemliche Herausforderung, etwas zu verkaufen, von dem die Leute nicht wissen, dass es existiert.«

Fast eine Großmacht

Kulturelles und musikalisches Inselleben

Ein Freitagnachmittag in der Fußgängerzone von Tórshavn. Die Musik kommt aus einem Eckgeschäft, Türen und Schaufenster sind geöffnet. Vor dem Lokal hat sich schon eine kleine Menschenmenge angesammelt, die der Band lauscht. Im hinteren Teil des Geschäfts haben drei junge Männer mit Hipsterbärten ihre Anlage aufgebaut.

Das Plattengeschäft am »Happy Corner« heißt TUTL, und so heißt auch das Label, das die CD herausgebracht hat, die gerade präsentiert wird. Jeden Mittwoch und Freitag in den Sommermonaten finden hier Gratiskonzerte statt, bei denen entweder neue Produktionen vorgestellt werden oder lokale Musiker vorbeischauen und miteinander spielen. Manchmal stauen sich die Zuhörer vor dem Geschäft, manchmal aber sind nur die Musiker und ein paar Freunde da und der Auftritt wird zu einem intimen Act.

Das Geschäft wirkt wie ein größeres Wohnzimmer, vollgeräumt mit CD-Regalen, an der Wand Kisten mit Vinyl. Auf den Tonträgern finden sich nicht die Namen internationaler Popstars, sondern die von färöischen Musikerinnen und Musikern. Fast jede Woche erscheint bei TUTL eine neue CD, da hat sich in den Jahren einiges angesammelt. In einer Ecke lehnt ein bescheiden wirkender Mann mit längeren grauen Haaren und Bart, es ist Kristian Blak, der Geschäftsführer von TUTL. Ohne ihn gäbe es wohl nicht all die Tonträger hier und auch nicht die vielen Konzerte, die in den Sommermonaten quer über alle Inseln der Färöer stattfinden.

Kristian stammt aus Dänemark und ist auf die Färöer gekommen, um etwas Neues zu erleben, wie er erzählt. »Ich wollte eigentlich nur ein Jahr bleiben, aber jetzt bin ich seit fünfundvierzig Jahren da.« Er hat als Musiklehrer angefangen und mit anderen musiziert, dann einen Jazzclub gegründet und schließlich das Label und das Geschäft mit dem Namen TUTL, was so viel wie »heulen« oder »brüllen« bedeutet. Blak spielt in verschiedenen Bands und hat selbst schon Konzerte auf fünf Kontinenten gegeben, wie er eher beiläufig anmerkt. In den neunziger Jahren war es der lokalen Zeitung noch eine Titelgeschichte wert, wenn man ein Konzert etwa in Finnland gab. Heute sei es gang und gäbe, dass färöische Musiker im Ausland auftreten, sagt er. »Man könnte meinen, dass wir hier auf den abgelegenen Inseln wenig Verbindungen mit der Außenwelt haben – aber das Gegenteil ist wahr.«

Kristian Blak gehört auch zu den Organisatoren des Summartónar-Festivals, in dessen Rahmen jedes Jahr in den Monaten Juni, Juli und August bis zu hundertneunzig Konzerte stattfinden – im Schnitt also mehr als zwei Konzerte täglich. Diese Auftritte präsentieren in der Hauptsache färöische Musik und einheimische Musiker, und sie finden nicht nur in der Hauptstadt, sondern auch in den kleinsten Orten statt – sogar auf der Insel Stóra Dímun, auf der nur zwei Familien leben. Jeder soll in den Genuss der Musik kommen können.

Einmal, so erinnert sich Kristian Blak, waren Musiker in einem Dorf aufgetreten und hatten nach ihrer Rückkehr berichtet, dass das Publikum aus gerade einmal zwei Zuhörern bestanden hatte. Aber die Diskussion nach dem Konzert, das hätten sie betont, die sei interessant gewesen.

Das erinnert uns an ein Konzert auf der Insel Sandoy mit ihren tausendzweihundert Einwohnern. Dort gibt es im Hauptort Sandur ein kleines Museum mit Bildern färöischer Maler, errichtet von einem Inselbewohner, der es mit der Fischerei zu Reichtum gebracht hat. Und dort fand das Konzert statt, zwei junge Saxofonistinnen spielten zeitgenössische Musik. Anwesend waren nicht mehr als ein Dutzend Zuhörer, alle kannten einander ganz offensichtlich, uns zuliebe wurden die Stücke auf Englisch angesagt. Und beim Applaus am Ende des Konzerts standen dann zu unserer Überraschung zwei Männer aus dem Publikum auf und verneigten sich – es waren die Komponisten. Es gibt also, wurde uns klar, mindestens zwei Färinger, die zeitgenössische Konzerte für Saxofon komponieren.

* * *

Die vielen Konzerte, die in Dörfern mit ein paar Hundert Einwohnern stattfinden, in Gasthäusern, Gemeindesälen oder Kirchen, sind meist gratis –

was den Effekt hat, dass ein Publikum mit Musik konfrontiert wird, für die es wohl nicht so selbstverständlich Eintritt zahlen würde. Es gibt Grottenkonzerte, bei denen man in einer Höhle Musik unter ungewöhnlichen akustischen Bedingungen hören kann. Dass sowohl die Zuhörer als auch die Musiker dazu mit ihren Instrumenten von einem großen Schiff in kleine schwankende Boote umsteigen müssen, erhöht den Reiz des Ungewöhnlichen. Ungewöhnlich auch die Hauskonzerte, wo die Musiker in Privatwohnungen für ein – zahlenmäßig natürlich beschränktes – Publikum auftreten.

Jeden Juli findet im kleinen Ort Gøta das G! Festival statt, bei dem bisher beispielsweise schon Alphaville, Europe, Travis, Kris Kristofferson und Bilderbuch aufgetreten sind. Die Bühne wird am schmalen Strand errichtet, auf einer Wiese neben dem Sportplatz können die Besucher ihre Zelte aufbauen. Das Festival ist fast jedes Jahr verregnet und zieht bis zu achttausend Besucher an – ein gutes Sechstel also der fünfzigtausend Inselbewohner. Weitere Festivals finden Ende Juni in Tórshavn und im August in Klaksvík statt.

Auf den Färöern sei nahezu jeder und jede in einer Band, hat der Londoner *Guardian* einmal über die Musikszene der Inseln geschrieben. Jedenfalls findet man nur wenige, die kein Instrument spielen – das mag auch mit den langen und finsteren Winterabenden im hohen Norden zusammenhängen. Musikalisch ist das Feld weit und reicht von Folk über Jazz, Metal, Rock und Indie bis zu Singer-Songwritern.

Die bekannteste Sängerin ist Eivør Pálsdóttir, kurz Eivør, sie ist auch schon in Deutschland, Österreich und der Schweiz aufgetreten. In ihren besten Zeiten hat sie auf den Färöern von einer CD achttausend Exemplare verkauft – in nahezu jedem zweiten Haushalt wurde also ihre Musik gespielt. International bekannt sind auch die Singer-Songwriter Teitur und Høgni Lisberg sowie Budam, eine Mischung aus Tom Waits und Nick Cave mit beeindruckender Bühnenpräsenz. Das Duo Ave hat den Stil der alten Balladen aufgegriffen und spielt akustische Miniaturen, inspiriert von der Musiktradition der Färöer. Der Gitarrist Stanley Samuelsen, ein Meister der Gelassenheit und des Fingerpicking, vertont Gedichte färöischer Autoren. Und die Metal-Band Týr hat sich nach dem nordischen Gott des Kampfes und des Sieges benannt und bedient sich oft alter Lieder und Balladen – Viking Metal mit History-Bezug also.

Der eingangs erwähnte Kristian Blak spielt solo sowie mit den Gruppen Yggdrasil, Kvonn und Spælimenninir (»Spielleute«) Folk, Jazz, Tanz- und experimentelle Musik. In der Gruppe Kvonn ist auch Angelika Nielsen dabei – das ist die Geigenlehrerin, die den Kindern auf Stóra Dímun via Skype Geigenunterricht gibt. Sie ist in mehreren Gruppierungen aktiv und spielt färöische Traditionals genauso wie nordische klassische Musik. Das ist durchaus typisch für die Musikszene der Färöer: Die Musikerinnen und Musiker sind vielseitig und treten in immer wieder neuen Formationen auf, alle können mit allen und unterstützen einander, bisweilen auch in anderen Rollen als Begleitmusiker, Soundingenieure oder Produzenten.

Immer wieder verwenden die färöischen Musiker in ihren Videos Aufnahmen der unglaublichen Landschaft. Im Video zum Song »Going Home« landet Marius Ziska mit dem Flugzeug auf den Färöern, überfliegt die bizarr geformten Inseln und fährt mit dem Boot in Wind und Wetter um die Felsen. Die Sängerin Elin Brimheim Heinesen hat das Gedicht »Eitt dýpi av dýrari tíð« (»Eine tiefe und wertvolle Zeit«) ihres Vaters, des Dichters Jens Pauli Heinesen, vertont. In ihrem Hauptberuf als Export- und Tourismusmanagerin hat sie dann das Lied mit Streichern opulent unterlegt und daraus einen Werbeclip für die Färöer gemacht, auf Youtube zu finden unter »Where Nature Rules«.

Auch was die klassische Musik betrifft, können sich die Färöer sehen lassen: Es gibt ein eigenes Symphonieorchester und mehrere Chöre, zwei davon in Kopenhagen. Und es gibt auch schon die erste färöische Oper, sie heißt »Í Óðamansgarði« (»Im Hof des Verrückten«), stammt von Sunleif Rasmussen und wurde 2006 uraufgeführt.

Warum die Musikszene der kleinen Inseln so groß ist, dazu gibt es eine interessante These: Im 20. Jahrhundert sei die Literaturproduktion des Landes wichtig gewesen, weil sie das »nationale Erwachen« der Färöer und die Abnabelung von Dänemark vorangetrieben hat. Im 21. Jahrhundert aber sei es weniger attraktiv, auf Färöisch für ein kleines Publikum zu schreiben. Heute würden sich die Kreativen lieber der Musik zuwenden, denn die wird weltweit verstanden, selbst wenn die Texte auf Färöisch sind.

Musikalisch wachsen die Färöer heute also über sich hinaus. Dabei war ihre traditionelle Musik lange Zeit nur vokal, es gab Balladen und Kirchenlieder. Instrumente sind auf die baum- und daher holzlosen Inseln erst im 19. Jahrhundert gekommen. Eine besondere Tradition stellen die repetitiven Gesänge zu den alten Rundtänzen dar, in die aktuelle Ereignisse und Anspielungen eingearbeitet sind und die bis heute gesungen werden.

Das kollektive Singen steht auch heute noch hoch im Kurs. Ein Fest, auf dem nicht gesungen wird, sei kein Fest, so heißt es. Besonders beeindruckend ist das zum Abschluss von Ólavsøka, dem Fest des Heiligen Olav. Am 29. Juli versammeln sich zu Mitternacht auf dem zentralen Platz der Hauptstadt Tausende Menschen und singen eine Stunde lang färöische Lieder, und damit auch alle mitsingen können, verteilt die Stadtverwaltung eine Broschüre mit den Texten. An die zehntausend Menschen sind da in der Regel dabei – das ist die halbe Einwohnerschaft von Tórshavn.

Ólavsøka ist überhaupt das wichtigste Fest auf den Inseln, zwei Tage lang herrscht Ausnahmezustand. Das Zentrum von Tórshavn ist für den Autoverkehr gesperrt, alle Lokale haben bis spät in die Nacht offen, kein freies Zimmer ist mehr zu finden. Die Färingerinnen und Färinger sind aus dem Urlaub im Süden zurück, und auch die Expats sind alle in die Heimat gekommen. Wer immer eine Tracht zu Hause hat, zieht sie heute an, Männer wie Frauen. Dunkelblau, Schwarz, Braun, vor allem aber ein tiefes Dunkelrot – die Stadt ist in gedämpfte Farben getaucht. Fast könnte man glauben, in einen Historienfilm aus dem Mittelalter geraten zu sein.

Das Ólavsøka-Fest erfüllt für die Menschen, die von überallher in die Hauptstadt kommen, dieselbe Funktion wie der mediterrane Korso: Man geht durch die Straßen und begegnet Bekannten und Freunden, begutachtet die Entwicklung der Kinder, trinkt an den Ständen ein Bier nach dem anderen und geht mit der Familie essen. Es gibt Wettrudern und Freiluftkonzerte, der zweite Tag beginnt mit einer Prozession von der Kathedrale zum Parlament, allen voran der Bischof, der Ministerpräsident und die Honoratioren. Im Regen lauschen dann alle der Rede des Løgmaður zur Parlamentseröffnung, die Schirme sind aufgespannt, die Zuschauer tragen Plastikumhänge – der Chor aber singt barhäuptig und vom Regen ungerührt.

Auf den kleinen Färöern findet man all das, was einen Nationalstaat auch kulturell ausmacht: eine Universität mit fünf Fakultäten, sechzehn Studiengängen und immerhin an die tausend Studierenden, Fachhochschulen für Seefahrt und Fischerei, eine Landesbibliothek, ein kultur- und naturhistorisches Nationalmuseum und ein Kunstmuseum mit einigen spektakulären Bildern, die zumeist die ungewöhnliche, oft auch bedrohliche Natur der Inseln thematisieren. Die Breite der gezeigten Werke reicht vom Expressionisten Sámal Joensen-Mikines mit seiner bedrückenden »Rückkehr vom Begräbnis« bis zum Neorealisten Edward Fuglø, der färöische Ikonen wie Möwen und Wale ironisch verfremdet.

Mit der Malerei haben die Färinger reichlich spät begonnen, in der ersten Hälfte des 20. Jahrhunderts, ebenso mit der Literatur- und Musikproduktion – vielleicht ist dieser späte Beginn auch ein Grund, warum die Kunstszene heute derart boomt.

Das an der Tórshavner Ringstraße in den achtziger Jahren errichtete Nordische Haus ist die steingewordene Manifestation der Zugehörigkeit der Färöer zum Nordischen Rat, dem Zusammenschluss aller skandinavischen Staaten und Regionen. Die Architekten des Gebäudes mit seinem geschwungenen Grasdach stammten aus Island und Norwegen, die Kiefern für den Parkettboden kamen aus Schweden, die Eschen für die Deckenverkleidung aus Dänemark und die Birken für die Türen aus Finnland. Im Nordischen Haus und in anderen Spielstätten der Inseln finden jedes Jahr etwa zweihundertfünfzig Theateraufführungen von Profi- und Amateurgruppen statt. Auch kleine Orte wie Fuglafjørður haben ein Kulturhaus, und Kunstmuseen gibt es auch auf Sandoy sowie in Vágur auf der Südinsel.

Wenn man all das aufzählt, sollte man sich immer wieder die Größe des Landes in Erinnerung rufen und Vergleiche anstellen: Auf den Färöern leben etwas mehr als fünfzigtausend Einwohner – das sind so viele wie in Osttirol. Oder im Landkreis Lüchow-Dannenberg.

»Alles ist hier Fisch«

Wenn ein Wirtschaftszweig alles dominiert

Dass die Färöer klein wären, das sei Ansichtssache, sagt Høgni Hoydal. Denn wenn man genau hinsehe, dann bestünden sie ja nicht nur aus achtzehn Inseln, sondern seien eine Einheit von Land und Meer. Wenn man also zu ihren knapp tausendvierhundert Quadratkilometern noch die Zweihundert-Meilen-Fischfangzone zähle, komme man auf zweihundertsechsundsiebzigtausend Quadratkilometer. Und wäre damit das fünfundsechziggrößte Land der Welt. »Wir sind vielleicht eine Mikronation, was die Landfläche betrifft, wir sind aber auch eine große Ozeannation«, sagt Hoydal. Er ist seit 1998 in der färöischen Politik und war in seiner Laufbahn schon als Abgeordneter im färöischen Løg- und im dänischen Folketing und als Minister in mehreren Regierungen tätig: als Justiz-, Außen- und Handelsminister. Und im Ministerium mit der Internetadresse fisk.fo, im Fischereiministerium.

»Alles ist hier Fisch«, sagt er, »unsere historische Identität beruht auf dem Meer. Und unsere moderne Wirtschaft basiert auf Fischerei und Lachszucht.« Für die Lachszucht seien die Bedingungen günstiger als anderswo auf der Welt, da sich hier die Wassertemperatur im Jahresverlauf nur wenig ändert. Und bei der Fischerei dürfe man nicht nur an die Männer auf den

Fangbooten denken, das seien nur ein paar Hundert. Mit dem Fisch würden auch die meisten anderen Industrien und Dienstleistungen zusammenhängen, erklärt Hoydal: die Fischverarbeitung, die Kühlhäuser, die auf Schiffe spezialisierten Elektriker und Installateure, eine ganze Branche für die Instandhaltung von Schiffen. Bei der Telekommunikation geht es auch um die Verbindung zu den Schiffen; die Transportwirtschaft sorgt nicht nur dafür, dass die Supermärkte auf den Inseln versorgt werden, sondern transportiert vor allem den Fisch zu den Häfen und zum Flugplatz. »Alles hängt hier mit der Fischerei zusammen«, sagt Hoydal, und folgerichtig ist der Fischereiminister der wichtigste Minister in der Regierung.

Høgni Hoydal sitzt in seinem Büro im obersten Stock eines unauffälligen Bürohauses mit Blick auf das Meer, sein Ministerium belegt dort gerade einmal zwei Stockwerke. Der Sturm pfeift und rüttelt an den Fenstern, anders als seine Besucher lässt sich Hoydal davon nicht irritieren. Aus den Bedürfnissen der Fischerei lässt sich die gesamte Politik des Landes erklären, sagt er. Die Färöer seien nicht in der EU, weil sie als David keine Chance gegenüber Goliath und somit keine Kontrolle mehr über »ihr« Meer hätten. Hoydal ist Befürworter der Unabhängigkeit, und als linker Politiker hat er eine egalitäre Vision für das Land: »Unser Ziel ist es, auf den Färöern ein modernes Leben zu führen, auch auf den entlegensten Inseln. Wir wollen eine moderne Wohlfahrtsgesellschaft sein, die Verbindung zu ihren Wurzeln hat.«

* * *

Die Zahlen sprechen eine klare Sprache: Fischfang und -verarbeitung, Aquakultur, Lachszucht sowie die damit verbundenen Gewerbe – all das erwirtschaftet zweiundneunzig Prozent aller Exporte der Färöer und macht den größten Posten ihres Bruttoinlandsprodukts aus. An zweiter Stelle kommen dann die Einnahmen aus dem Tourismus. Fisch ist also der zentrale Wirtschaftszweig, allerdings darf man sich dabei nicht stoppelbärtige Fischer vorstellen, die ihre Netze flicken, bevor sie mit ihren kleinen Holzbooten hinausfahren – hier handelt es sich um industrielle Großfischerei mit Hochtechnologie. Die Fangmengen sind enorm, die etwa zweihundert färöischen Trawler und Langleinenboote holen doppelt so viel aus dem Meer wie die gesamte deutsche Fischereiflotte zusammen. Auf den Schiffen wird der Fang gleich verarbeitet, zerlegt und eingefroren. Die zwölf bis fünfzehn Mann umfassenden Besatzungen sind zwei, drei Monate lang in der Barentssee, vor Grönland oder Neufundland unterwegs, sie arbeiten bei Kälte, Nässe und künstlichem Licht in Zwölf-Stunden-Schichten – und verdienen dabei gutes Geld. »Ein Mann, der nie ins Meer gepinkelt hat, ist kein Mann«, sagt man auf den Färöern.

Der Fisch ist auch der Grund, warum die Färöer so wie auch Norwegen nie der EU beigetreten sind, warum Island seinen Beitrittsantrag wieder zurückgezogen hat und Grönland nach einer Volksabstimmung 1985 sogar aus der damaligen Europäischen Gemeinschaft ausgetreten ist – das war, schon lange vor dem Brexit, der erste Austritt. Die Färöer haben ihre Hoheitsgewässer 1982 auf zweihundert

Seemeilen ausgedehnt und können so in einem Riesengebiet fischen, ohne Konkurrenz von den Flotten anderer Staaten. Eine Fischereireform hat in den letzten Jahren auch zu verhindern versucht, dass ausländische Unternehmen die Fangquoten aufkaufen und den Einheimischen der Zugang zur Fischerei abgeschnitten wird. Wenn es darum geht, die eigenen Fischereizonen vor den deutschen und britischen Fangflotten zu schützen, verbindet sich in Grönland, Island, Norwegen und auf den Färöern gelegentlich eine nationalistische mit einer antiimperialistischen und Anti-EU-Rhetorik.

Die Dominanz eines einzigen Wirtschaftszweigs ist natürlich problematisch, das zeigte sich Anfang der neunziger Jahre. Weil neue Methoden das Fischen in bisher unerreichbaren Regionen ermöglicht hatten, kam es im Nordatlantik zur Überfischung und damit zu einem Absinken der Fangmengen. Das führte auf den Färöern zu einer Krise der Branche, die sich rasch zu einer nationalen Wirtschaftskrise ausweitete: Das BIP sank um zwanzig Prozent, das Nettoeinkommen um dreißig Prozent, die Arbeitslosenrate stieg stark, und es wanderten so viele Menschen nach Dänemark aus wie noch nie. Als sich dänische Banken aus der Finanzierung zurückzogen, drohte den Färöern der Bankrott, vor dem sie nur die finanzielle Unterstützung durch die frühere Kolonialmacht bewahrte. Während der mehrjährigen Krise kam es zu einem massiven Sparprogramm, der Tunnel zur Flughafeninsel Vágar etwa blieb über ein Jahrzehnt lang eine unvollendete Baustelle.

Nach der Jahrtausendwende hat sich die Wirtschaft wieder erholt, und heute gehören die Färöer zu den Ländern mit dem weltweit höchsten Bruttoinlandsprodukt pro Kopf, die Arbeitslosenrate ist im europäischen Vergleich niedrig.

Zwischen der EU und den Färöern herrscht allerdings dicke Luft: Nachdem diese die Fischfangquoten im Atlantik eigenmächtig erhöht hatten, stoppte Brüssel im Jahr 2013 die Einfuhr von färöischen Fischprodukten. Die höheren Fangmengen würden langfristig die Bestände von Hering und Makrele gefährden, wurde argumentiert. Nachdem die Färöer ihre Fische nicht mehr in der EU absetzen konnten, suchten sie nach Alternativen – und fanden sie in Russland. Als Nicht-EU-Mitglied sind sie ja nicht an die Sanktionen gebunden, die nach der russischen Annexion der Krim verhängt wurden. So geht heute der meiste Lachs nach Russland, das sich überhaupt zum wichtigsten Handelspartner entwickelt hat. Das ist nach dem russischen Angriff auf die Ukraine noch problematischer geworden, aus Brüssel und auch aus dem dänischen Mutterland wird die färöische Regierung deswegen kritisiert – die sich damit rechtfertigt, dass Lebensmittel ja von den Sanktionen ausgenommen seien und ohnehin versucht werde, neue Abnehmerländer für den Fischexport zu finden.

Die totale Abhängigkeit der Wirtschaft vom Fisch ist also weiterhin ein Problem, der wachsende IT-Sektor und der Tourismus können das auch nicht ausgleichen. Seit in einer Umfrage des Magazins *National Geographic* die Färöer auf Platz eins der interessantesten Inseln der Welt gelandet sind, ist die Zahl der Touristen stark angestiegen. Der Hype hält auch weiterhin an, 2018 haben sowohl der amerikanische Fernsehsender *CBS* als auch das Wirtschaftsmagazin *Forbes* die Färöer unter den »Coolest Places to Go« aufgeführt.

Der Tourismusboom führt stellenweise schon zu Zuständen, die anderswo als »Overtourism« bezeichnet werden. Seit 2018 wird auf mehreren Wanderwegen eine Gebühr eingehoben, die die Zahl der Wanderer reduzieren soll, damit die dort nistenden Vögel nicht allzu sehr gestört werden. Und wer einmal erlebt hat, wie ein Kreuzfahrtschiff in Tórshavn vor Anker geht, Tausende Passagiere gleichzeitig die Stadt mit ihren zwanzigtausend Einwohnern überschwemmen und dann mit Bussen in das malerische Dreißig-Seelen-Dorf Saksun gebracht werden, kann ein gewisses Verständnis für jenen Bauern aufbringen, der dort einen Lkw-Anhänger mit der Aufschrift aufgestellt hat: »This is not Disneyland – Tourists go home«.

Die gewitzte färöische Tourismuswerbung hat aber auch aus der Debatte über Overtourism eine Imagekampagne gemacht. Sie ließ 2019 verlauten, dass die Inseln ab nun jedes Jahr für einige Tage gesperrt würden: »Closed for Maintenance«. In dieser Zeit sollten Freiwillige aus aller Welt auf die Färöer kommen, um Wege instand zu halten oder Zäune zu errichten. Für diese unbezahlte Arbeit gibt es durchschnittlich dreißigmal mehr Bewerber als Plätze – dabei müssen die »Voluntourists« ihre Anreise aus eigener Tasche bezahlen.

Das Grindwal-Dilemma

Wenn das Meer rot wird

Das Meer in der Bucht ist rot, im wahrsten Sinn des Wortes blutrot. Ein Dutzend Männer steht bis zur Hüfte im Wasser. Weiter draußen, wo das Meer noch blau ist, treiben unzählige kleine Boote. Auf der Böschung stehen Hunderte Zuschauer, sie schauen auf die am Ufer gelagerten Opfer: hundertvierundsechzig Grindwale, alle mit einem tiefen Schnitt am Nacken. Es ist *grindadráp* – übersetzt heißt das ungeschminkt: Grindwaltöten.

Unsere Nachbarin hatte an der Tür geklopft und aufgeregt gerufen: Sie sind da, geht schnell zur hinteren Bucht. So wie wir haben das viele gemacht, aus allen Richtungen sind die Menschen zusammengeströmt und haben sich am Abhang oberhalb des Ufers versammelt. Jetzt liegen die glänzend schwarzen Körper der Tiere am Strand, zwischen zwei und vier Metern lang, alle in der gleichen Richtung und parallel zueinander. Jedes Tier hat eine klaffende tiefe Wunde im Nackenbereich, in der Luft liegt der metallische Geruch des geronnenen Blutes. Die Bucht ist von einer Unmenge von kleinen Booten abgeriegelt, auch Ruderboote sind darunter, sogar eine Segeljacht und ein Schlauchboot. Sie alle haben die Grindwalherde in die Bucht getrieben und ihr den Ausweg zurück ins offene Meer abgesperrt.

Auf der Straße halten immer mehr Autos. Die Zuschauer betrachten die Szene mit Kennermiene, Eltern mit Kinderwagen sind darunter, kleinere und größere Kinder schauen ohne erkennbaren Ekel oder Mitleid auf die toten Riesen in ihrem Blut. Junge Männer stehen auf den Tierleibern und reden miteinander. Ihr Gesicht, ihre Haare, ihre Kleider – alles ist blutbespritzt wie in einem schlechten Horrorfilm. Sie haben Stiefel an und Fischerjacken, einige auch Hosen aus Neopren. Manche sind in Jeans und Wollpullover gekommen, sie haben offenbar gar nicht mehr die Zeit gehabt, etwas anderes anzuziehen. Auch sie sind voller Blut. Sie lachen, sind offensichtlich stolz auf ihren Fang und froh, dass alles gut gegangen ist. Ungefährlich war das für die Walfänger in ihren schwankenden Booten nicht, denn die massigen Tiere wehren sich. Mit langen Stangen, an denen ein Haken befestigt ist, werden sie an den Atemlöchern in die Bucht gezogen. Kunstfertig, mutig, grausam. Am Strand wird dann mit einem energischen Schnitt dem Wal ein Ende gemacht. Darüber sprechen sie jetzt wohl, diese jungen Männer, die uns wie ein Überbleibsel vorkommen aus einer fernen Welt der Jäger und Fischer, des Hungers und des Mangels.

Auf einem Stein am Ufer sitzt ein Mann mit einem Heft auf den Knien, vor ihm eine Menschenschlange. Er notiert die Namen der am Fang Beteiligten, sie werden bei der Verteilung der Beute bevorzugt behandelt werden. Von der gegenüberliegenden Seite der Bucht kommt ein größeres Boot. Die schwarzen Walkörper werden an den

Schwanzflossen zu zweit aneinandergebunden und mit einem Seil an das andere Ufer gezogen. Mit einem Kran werden die Kadaver dort auf ein Lastauto gehievt. Als der Wagen davonfährt, tropft Blut von der Ladefläche. Auf dem Asphalt bleibt eine rostbraune Spur.

Am nächsten Tag ist das Wasser in der Bucht wieder blau, die weiträumige Rotfärbung ist vollständig verschwunden. An den Wäscheleinen in den Gärten der Häuser hängen überall Fischerhosen und Jacken, in den Hauseinfahrten und Garagen stehen Plastikwannen, in denen riesige Stücke Walfleisch mit dem Gartenschlauch gewässert werden. Auf dem Schleppboot spritzen zwei junge Männer die letzten Blutflecken weg.

* * *

Der Grindwalfang ist ein traditionelles Ritual seit der Wikingerzeit, über Jahrhunderte hinweg deckte er den größten Teil des Fleischbedarfs der Färöer, und bis heute ist Walfleisch immer noch ein wichtiger Bestandteil der lokalen Küche. Überhaupt ist die Rede vom »Walfang« irreführend, denn der Grind- oder Pilotwal ist kein Wal, sondern eine Delfinart, kann bis zu acht Meter lang und bis zu drei Tonnen schwer werden und frisst am Tag an die fünfzig Kilo Krebse und Fische. Grindwale leben in Herden, die als Grindwalschule bezeichnet werden. Sie sind keine bedrohte Art – auf der roten Liste der Weltnaturschutzorganisation werden sie als »nicht gefährdet« bezeichnet, ihr aktueller Bestand im nördlichen Atlantik wird auf über hunderttausend Exemplare geschätzt. Das Wort »Grindwal« ist übrigens das einzige deutsche Wort, das aus dem Färöischen stammt.

Manchmal verlieren die Tiere die Orientierung und kommen ins flachere Wasser – bisweilen kommt es so zu einer Massenstrandung. Meistens aber werden sie aber von Fischern gesichtet, die einen *grindaboð*, den »Grindalarm«, auslösen, der sich über Radio, per SMS und von Nachbar zu Nachbar rasch verbreitet. Wer eine gesichtete Grindwalherde nicht meldet, macht sich übrigens strafbar. Diese Regelung soll, erklärt die Regierung, den illegalen Walfang verhindern; sie kann aber auch gegen jene (in der Regel: ausländischen) Aktivistinnen und Aktivisten gerichtet werden, die versuchen, die Wale wieder ins offene Meer hinauszutreiben. Touristen brauchen sich auf jeden Fall nicht zu sorgen: Sie sind von dieser Meldepflicht ausgenommen.

Wer sich zum *grindadráp* von seinem Arbeitsplatz entfernt, darf das. Und manchmal, so heißt es, sind sogar schon Gottesdienste wegen einer Sichtung abgebrochen worden. Es ist ein soziales Ereignis, und wer immer ein Boot hat, beteiligt sich an der Treibjagd – es sind kleine Boote, keine großen Fischkutter, die die Wale einkreisen, in eine Bucht treiben und Lärm machen: Durch das Schlagen auf Eisenstangen soll den Tieren die akustische Orientierung verunmöglicht werden. In der Bucht werden sie dann mit einem Walmesser getötet, Rückenmark und Halsschlagader werden durchtrennt. Die Tiere, so wird versichert, verlieren dabei binnen Sekunden das Bewusstsein und leiden nicht.

Der Grindwalfang ist genau geregelt: wie oft im Jahr er stattfinden darf, in welchen Buchten und mit welchen Werkzeugen – die traditionellen Speere und Harpunen dürfen dabei nicht mehr verwendet werden. Jeder Fang muss genehmigt sein, und wenn in einem Jahr schon genügend Walfleisch eingebracht wurde, kann die Behörde die Weisung erteilen, den Tieren die Rückkehr ins offene Meer zu ermöglichen.

Wie oft ein *grindadráp* stattfindet, ist höchst unterschiedlich. In manchen Jahren kommt gar keine Schule nahe an die Inseln, der Durchschnitt der letzten zehn Jahre liegt bei acht Fängen, und die Zahl der jährlich gefangenen Tiere variiert zwischen achtundvierzig und tausendzweihundert. Schon seit dem 16. Jahrhundert wird diese Anzahl protokolliert, es soll sich dabei um die älteste Jagdstatistik der Welt handeln.

Eine Grindschule, die auf die Inseln zuschwimmt, stellte die längste Zeit für die Bewohner eine Garantie für das Überleben im Winter dar. Das Walfleisch und der Speck werden eingesalzen, aufbewahrt und vor dem Essen stundenlang eingeweicht. Grindwal macht etwa dreißig Prozent des Fleischkonsums der Färinger aus, und in den meisten Haushalten steht er einmal wöchentlich auf dem Speiseplan. Das gekochte Walfleisch ist schwarz, einigermaßen zäh und schmeckt ziemlich tranig, vor allem das »Blubber« genannte Walfett. Dazu und danach benötigt man mehr als nur einen Schnaps.

Der Grindwalfang auf den Färöern erfolgt nicht kommerziell, es gibt keine professionellen Walfänger, und das Walfleisch gelangt weder in Geschäften zum Verkauf noch wird es exportiert. Es wird verteilt, zuerst unter jenen, die sich an der Aktion beteiligt haben, dann unter der gesamten Bevölkerung eines Ortes. Es werden aber auch soziale Institutionen wie Kindergärten oder Altersheime mit einem Kontingent bedacht, und wenn dann immer noch etwas übrig bleibt, bekommen es die Bewohner des Nachbarorts. Der dänische Religionshistoriker Edward Lehmann, der 1913 die Färöer bereiste, nannte sie wegen dieser Praktiken und wegen des gemeinschaftlichen Besitzes an Schafweiden eine »halb kommunistische Gesellschaft«.

Der Grindwalfang ist auf den Färöern die normalste Sache der Welt, im Ausland ist er aber hoch umstritten. Tierschutzorganisationen wie Greenpeace und PETA protestieren regelmäßig dagegen, die Organisation Sea Shepherd schickt regelmäßig Boote auf die Färöer mit dem Ziel, das *grindadráp* zu stören und somit den Fang der Tiere zu verhindern. Ebenso regelmäßig werden ihre Crewmitglieder von den lokalen Behörden festgenommen, nach wenigen Tagen aber wieder enthaftet. Die weltweiten Aktivisten üben Druck aus: Tierschutzorganisationen haben mittlerweile die Reedereien der großen Kreuzfahrtschiffe aufgefordert, die Färöer aus Protest nicht mehr anzulaufen. Die schottische Stadt Wick hat gedroht, ihre Städtepartnerschaft mit Klaksvík wegen des Grindwalfangs aufzukündigen, und in Deutschland und der Schweiz wurden

Konzerte der färöischen Metal-Band Týr abgesagt, weil sich ein Bandmitglied unvorsichtigerweise als Walfänger geoutet hatte.

Die diversen Unterschriftenlisten an die dänische Regierung, die im Web kursieren, richten sich allerdings an die falsche Adresse – denn diese ist dafür gar nicht zuständig. Sie besorgt für die Färöer ja nur die Außenpolitik und die Verteidigung, alles andere liegt in der Kompetenz der lokalen Behörden. Und die argumentieren damit, dass es sich bei den Grindwalen um keine bedrohte Art handelt – genauso wenig wie bei den Schweinen und Hühnern, die ja auch zu Tode kommen, bevor sie gegessen werden. Diese Tiere würden noch dazu in Gefangenschaft leben, bevor sie umgebracht werden – der Grindwal hingegen verbringe sein ganzes Leben im Atlantik in Freiheit und würde dann binnen Sekunden sterben. Und dieser Tod sei auch nicht qualvoll. Der Grindwalfang, sagt Minister Høgni Hoydal pointiert, sei »die Nutzung natürlicher Ressourcen, ohne ihren Bestand zu gefährden, ohne CO_2-Emissionen zu produzieren, und außerdem ist er nicht kommerzialisiert«. All diesen Argumenten zum Trotz ist das Walschlachten umstrittener als das Abstechen von Schweinen – es macht offenbar einen Unterschied, ob Tierblut in den Schlachthöfen dezent verschwindet oder ob wir eine rote Bucht anschauen müssen, samt den Grindwalfängern, die dort blutverschmiert herumstehen.

Im September 2021 kam es zum größten *grindadráp* in der Geschichte der Färöer, im Skálafjord wurden mehr als tausendsiebenhundert Tiere erlegt. Das hat auf den Inseln zur Debatte geführt, ob es nicht überzogen sei, derart viele Tiere zu erlegen – nachhaltig sei das nicht mehr. Daraufhin begrenzte die Regierung die jährlich erlaubte Fangquote auf fünfhundert. Wenn das *grindadráp* auf den Färöern aber je beendet werden sollte, dann aus einem Grund, den wir Festlandeuropäer zu verantworten haben: Im Fleisch der Tiere sind so hohe Schadstoffwerte festgestellt worden, dass die Gesundheitsbehörden mittlerweile vor häufigem Verzehr warnen. Es sind unsere Industrien und die industrialisierte Landwirtschaft, die das Fleisch der Grindwale mit Quecksilber, PCB und Dioxinen verseucht haben. Nachdem es einen Zusammenhang zwischen diesen Schadstoffen und dem Auftreten der Parkinson-Krankheit geben soll, hat die färöische Gesundheitsbehörde schon 2011 den Rat ausgegeben, Walfleisch nur mehr einmal pro Monat zu essen; schwangere und stillende Frauen sollten sich davon überhaupt fernhalten.

Die friedlichen Inseln

Höchste Geburtenrate, niedrigste Verbrechensrate

Die Menge ist knallbunt und bunt gemischt: Junge Männer mit T-Shirts und Hipsterbärten, junge Frauen mit Blumen im Haar, Paare mit Kinderwagen, viele Kinder aller Altersstufen, tätowierte Punks, aber auch einige alte Menschen mit Gehhilfen sowie Frauen und Männer mittleren Alters, die aussehen wie die Nachbarn von nebenan. Sie alle bewegen sich in Tórshavn durch die schmale Gasse Richtung Stadtzentrum, viele schwenken Regenbogenfahnen, oft auch die färöische Nationalflagge. Einige tragen selbst gestrickte Pullover in den Farben des Regenbogens. Zwei Männer in Nationaltracht halten ein Schild mit der Aufschrift »Carl Erik + Ólavur« hoch, daneben ein rotes Herz. Und eine Frau mit roten Haaren führt ein Porträt von Conchita Wurst mit sich.

Die Faroe Pride Parade, die Demonstration für Vielfalt und Gleichheit und zur Anerkennung der LGBTQ-Community, findet alljährlich am Vorabend des Nationalfeiertags Ólavsøka statt. Zwei Dinge sind dabei überraschend: zum einen die Größe der Veranstaltung. Es sind einige Tausend Menschen – das ist für mitteleuropäische Städte nichts Besonderes, für die Färöer mit ihren fünfzigtausend Einwohnern aber so etwas wie eine Massendemonstration. Und zum anderen das Aussehen der Teilnehmerinnen und Teilnehmer: Sie sind mehrheitlich jung und fröhlich, aber keineswegs schrill oder auffallend. Es ist kein trotziges oder stolzes Rebellieren einer Minderheit gegen die Mehrheit, keine bunte Schau des Andersseins. Es ist die ganz normale Vielfalt der Inselbewohnerinnen und -bewohner, die da fröhlich lärmend, singend und tanzend zu Tausenden durch die Straßen zieht.

Die Reaktionen der Passanten sind freundlich, es gibt keinerlei ablehnende Äußerungen. Ordnungshüter sind auch nicht zu sehen, nur ein Polizeiauto sperrt den Verkehr auf der querenden Hauptstraße. Bei der Abschlusskundgebung vor dem Parlament ist der Platz randvoll, die Hauptrede hält Jóhanna Sigurðardóttir aus Island. Sie war dort die erste offen homosexuelle Premierministerin der Welt, führte in den vier Jahren ihrer Regierung das bankrotte Island aus der Finanzkrise und ermöglichte durch eine Gesetzesänderung die gleichgeschlechtliche Ehe. Sigurðardóttir heiratete ihre langjährige Partnerin, die Autorin Jónína Leósdóttir, sie waren das erste Paar nach der neuen Regelung. Die beiden stehen jetzt nebeneinander auf der Bühne, und nach der mit stürmischem Applaus bedachten Rede endet die Veranstaltung als Volksfest mit Musik, Tanz und viel Bier.

* * *

Als Jóhanna Sigurðardóttir im Jahr 2010 als isländische Ministerpräsidentin die benachbarten Färöer besuchte, da weigerte sich der Vorsitzende der christlich-konservativen Zentrumspartei, am Staatsbankett teilzunehmen. Er wollte nicht mit einer lesbischen Politikerin an einem Tisch sitzen, da das »gegen die Natur« sei. Sechs Jahre später hat aber auch das färöische Parlament die gleichgeschlechtliche Ehe legalisiert, und auf der Website der Regierung wird stolz hervorgehoben, dass an der Faroe Pride Parade etwa zehn Prozent der Gesamtbevölkerung teilnehmen.

Von Island aus werden die Färinger gerne als etwas altmodische Verwandte betrachtet, dazu mag auch deren starke Religiosität beitragen. Größte Glaubensgemeinschaft ist die evangelisch-lutherische Färöische Volkskirche. Sie ist eine Staatskirche, ihre Pastoren sind vom Staat bezahlte Beamte, und das Kirchenoberhaupt ist der Løgmaður, der Premierminister. Wie in ganz Nordskandinavien spielen daneben evangelikale Freikirchen eine große Rolle, in vielen Orten stößt man auf Bethäuser mit Namen wie »Ebenezer« oder »Bethesda«. Etwa zehn Prozent der Färinger sind Mitglieder der Baptisten oder der Brüderbewegung, in der zweitgrößten Stadt Klaksvík sind es stolze vierzig Prozent. Das hängt möglicherweise damit zusammen, dass der frühere Besitzer der dortigen größten Fischfangflotte, der Selfmade-Unternehmer Jógvan Kjøllbro, der Baptistengemeinde angehörte und auf seinen Schiffen und in seinen Fabriken mit Vorliebe seine Glaubensbrüder einstellte.

Der christliche Radiosender *Lindin* spielt rund um die Uhr christliche Lieder, am Sonntag auch der staatliche Sender *ÚF*. Es ist durchaus überraschend, auf wie viele musikalische Arten da von Jesus und Golgatha gesungen wird: als Gospel, Chor, Country, Rock, Reggae, Metal, und das meist auf Englisch, schließlich haben ja die Freikirchen ihre Basis in den USA. Am Sonntag gehen die allermeisten Färingerinnen und Färinger zur Kirche, nur drei Prozent der Bevölkerung machen das nie. Nach der Messe dürfen sie dann nicht zum Fischen ausfahren: Am Sonntag gilt ein Angelverbot.

Mit der Religiosität mag auch zusammenhängen, dass die färöischen Frauen oft drei oder vier Kinder haben – ihre Geburtenrate ist mit 2,1 die höchste Europas, auch wenn sie in den letzten Jahren etwas gesunken ist. Aber vielleicht gibt es bei kleinen Völkern auch einen unausgesprochenen moralischen Imperativ, sich zu vermehren, um nicht auszusterben. Auf jeden Fall sind die familiären Bindungen stark, was es den jungen Eltern leichter macht, Familien zu gründen. Auch bei der Zahl der Adoptionen liegen die Färöer an der Weltspitze, dafür sind die Scheidungs- und Abtreibungsraten sehr niedrig. Mit Letzterem hat wohl auch die auffallende Sichtbarkeit von Menschen mit Trisomie 21 auf den Inseln zu tun.

Die hohe Kinderzahl hält die Frauen aber nicht davon ab, ihren Karrieren nachzugehen. Zweiundachtzig Prozent von ihnen gehen einer Erwerbsarbeit nach, das ist um einiges mehr als im Durchschnitt der EU-Länder. Dazu trägt der gut ausgebaute Sozialstaat skandinavischen Typs mit einer vierundvierzigmonatigen Elternzeit, Väterkarenz und Steuerfreibeträgen bei. In den Kindergärten und -krippen zahlt man nur für das erste Kind, für die weiteren Kinder sind sie kostenlos. Auch versucht die Regierung, die Bedingungen für Frauen zu verbessern, denn der wirtschaftliche Aufschwung nach dem Zweiten Weltkrieg hatte dazu geführt, dass viele von ihnen die Inseln verließen. Es war eine männlich dominierte Gesellschaft, die den Frauen nur wenig Perspektiven bot. Die Männer gingen »auf See«, viele Frauen aber mangels beruflicher Aussichten nach Dänemark, genossen dort eine gute Ausbildung und kehrten danach meist nicht mehr auf die Inseln zurück. Dieser Männerüberschuss war für viele Männer ein Problem, die keine Partnerin fanden, und ist eine Erklärung für so manche Filipina, die heute auf den Inseln lebt.

In der jüngeren Vergangenheit aber hat sich dieser Trend wieder umgekehrt. Der Arbeitsmarkt hat sich stärker diversifiziert, mit dem Tourismus ist eine weiblich dominierte Branche entstanden, und es gibt eine Universität. Zum ersten Mal studieren jetzt mehr Färingerinnen und Färinger im eigenen Land als in Dänemark, und die, die dorthin zu Studium und Ausbildung gehen, kommen auch eher wieder zurück, was sich an der steigenden Einwohnerzahl ablesen lässt. Es ist, so heißt es, wieder »cooler« geworden, auf den Inseln zu leben.

Zum Beispiel Carina Á Rógvi. Sie ist Mutter von zwei kleinen Kindern und führt mit ihrem Mann das Café »Paname« im Holzhaus des alten Gymnasiums gegenüber dem Rathaus von Tórshavn. Sie hat in Dänemark und England studiert und ist im

Alter von siebenundzwanzig Jahren wieder auf die Färöer heimgekehrt. »Als ich im Gymnasium war«, erzählt sie, »da war es ein großes Problem, dass viele Frauen nicht mehr zurückgekommen sind. Aber jetzt hat sich das geändert, meine Freundinnen kommen fast alle wieder zurück.« Jetzt gebe es mehr Möglichkeiten als früher, sagt sie und verweist auf die boomende Wirtschaft. »Vor zehn Jahren hätten wir nicht daran denken können, ein Café zu eröffnen. Jetzt, wo viel mehr Touristen herkommen, ist das einfacher. Da hat sich wirklich viel verändert.«

So wie bei der Geburtenrate sind die Färöer auch bei der Kriminalitätsrate Weltspitze: Sie ist hier nämlich am geringsten. Im Regierungsviertel sind weder Polizei noch Securitys zu sehen, außerhalb der Hauptstadt werden die Haustüren in der Regel nicht abgesperrt. In den letzten hundert Jahren gab es nur vier Morde, und wenn einmal etwas Gröberes passiert, dann muss die Polizei Hilfe aus Dänemark anfordern. Die Kriminalberichterstattung der Zeitungen beschränkt sich auf Schlagzeilen wie »Einbruch in Tórshavn – Täter auf der ›Norrøna‹ gefasst« oder »Vandalismus in Tórshavn – Drei Autos beschädigt« oder »Durstige Diebe auf der Suche nach Bier«.

In der Tat hängen die meisten Delikte mit dem Alkohol zusammen. Wie im ganzen Norden geht man am Wochenende mit dem klaren Ziel der Berauschung aus, und zwar meist erst ab Mitternacht. Die Kontaktfreudigkeit der zurückhaltenden Färinger erhöht sich jedenfalls unter Alkoholeinfluss ziemlich, und wenn die Lokale dann um vier Uhr morgens schließen, werden oft noch private Partys angehängt.

Dabei galten die Färöer im 20. Jahrhundert als »das trockenste Land Europas«, hier hat die Prohibition von allen Ländern Nordeuropas am längsten angedauert. Ein Alkoholverbot war unter dem Einfluss der freikirchlichen Bewegungen schon 1907 eingeführt worden, um die Färinger »zu zivilisieren«, wie es hieß. Auf den Inseln konnte man nur Leichtbier kaufen, stärkere Getränke durfte man aus Dänemark zwar importieren – aber auch nur in bescheidenem Umfang und außerdem nur, wenn man keine Steuerschulden hatte. Erst seit 1992 ist es mit der Prohibition vorbei. Heute gibt es auf den Färöern zwei größere Brauereien und drei vor Kurzem gegründete sogenannte Mikrobrauereien, die sich alle an der englischen Bierproduktion orientieren und ein überraschend gutes und vielfältiges Angebot aufweisen. Verkauft werden ihre Produkte jedoch nicht in den Supermärkten, sondern wie in allen skandinavischen Ländern in speziellen Geschäften. Auf den Färöern haben diese eine Bezeichnung, die über ihren Zweck keine Unklarheiten aufkommen lässt. Sie heißen nämlich Rúsdrekkasøla landsins – wortwörtlich übersetzt heißt das: »Landesrauschgetränkeverkauf«.

Verlässt man Tórshavn auf der alten Ausfallstraße, dem Oyggjarvegur, also dem »Inselweg«, dann kommt man nach einigen Kilometern in einer langen Rechtskurve an einem flachen Gebäude mit Grasdach vorbei. Solange die NATO auf dem benachbarten Sornfelli eine Radarstation unterhielt, befand sich hier die Unterkunft des dänischen Militärs. Nach der Schließung der Station im Jahr 2007 wollte man das Gebäude in ein Hotel umwandeln, erinnerte sich aber daran, dass die Gegend aus gutem Grund Mjørkadalur, also »Nebeltal« heißt, und nahm von dem Projekt Abstand. Heute befindet sich hier das einzige färöische Gefängnis, es ist bei klarem Wetter wohl die Strafanstalt mit der schönsten Aussicht der Welt über den Kaldbaksfjørður. Es gibt dort zwölf Zellen für jene, die zu kürzeren Haftstrafen verurteilt worden sind, und sogar eine Minigolfanlage. Im Schnitt sind sieben der zwölf Zellen besetzt, längere Strafen müssen in Dänemark abgesessen werden.

Angesichts der geringen Kriminalität ist es einigermaßen verwunderlich, wie blutig die auf den Färöern spielenden Krimis angelegt sind. Jógvan Isaksen stammt aus Tórshavn, lehrt an der Universität Kopenhagen und hat mehrere Kriminalromane verfasst. In seinem zweiten mit dem Titel »Option Färöer« ereignen sich vier Morde innerhalb von zwei Wochen – so viele also wie in der färöischen Realität in einem ganzen Jahrhundert. Aber wahrscheinlich gilt hier das Gleiche wie für die ebenso brutalen und blutigen Krimis anderer skandinavischer Länder: dass nämlich deren Autoren in den Gewaltszenen die dunklen Seiten und Ängste dieser nach außen hin so friedlich und konfliktarm wirkenden Gesellschaften thematisieren.

Leibesübungen

Der Premierminister auf der Ersatzbank

Es gibt sie überall auf den Färöern, in jedem Ort, auf jeder Insel: Fußballplätze. Bisweilen sind sie aus Felsen herausgesprengt worden, meist sind sie kleiner als üblich und in der Regel wächst auf ihnen kein Grashalm. Auf der Insel Svinoy leben sechsundzwanzig Menschen, auch dort ist eine ebene Fläche aufgeschüttet und mit Kunstrasen ausgelegt worden, sogar eine Beleuchtung gibt es. Hier werden wohl bestenfalls in den Sommermonaten dank der Feriengäste genügend Spieler zusammenkommen, um zwei Mannschaften zu bilden. Der Platz ist an allen vier Seiten von einer hohen hölzernen Umzäunung umgeben – nicht weil niemand zuschauen soll, sondern um den Wind ein wenig abzuhalten und zu verhindern, dass die Flanken völlig unberechenbar werden.

In Klaksvík gehen wir an einem verhangenen Sonntagvormittag am Fußballstadion vorbei. Gerade hat es zu regnen aufgehört, der Himmel ist grau. Das Spielfeld hat Wettkampfgröße, die Tribünen aber sind klein, nur fünfhundertdreißig Zuschauer haben hier Platz – aber das wären ohnehin mehr als zehn Prozent der Fünftausend-Einwohner-Stadt. An diesem Sonntagvormittag ist der Platz durchaus belebt. Zwei Familien stehen mit

Kinderwagen auf dem Kunstrasen und unterhalten sich, die Kinder, vielleicht zwei oder drei Jahre alt, treiben einen Ball vor sich her. Alle sind in dicke Anoraks gehüllt und tragen Strickmützen. In der anderen Ecke des Platzes kickt eine hochgewachsene weißhaarige Oma mit ihrer kleinen Enkeltochter, ernsthaft und ausdauernd. Und an der Outlinie übt eine ziemlich übergewichtige junge Frau mit blonden langen Haaren, eng anliegenden Leggins und Sportschuhen mit ihrer etwa achtjährigen Tochter. Auf den Färöern hat die Fußballbegeisterung erst in den neunziger Jahren eingesetzt – ob dieser späte Zeitpunkt den Nebeneffekt hatte, dass sich hier bei diesem Sport weniger Geschlechterstereotypien ausgebildet haben?

* * *

Der Geburtshelfer hieß Österreich. 1990 wurde der färöische Fußballverband in die UEFA aufgenommen und konnte so an der EM-Qualifikation teilnehmen. Es gab aber auf den Inseln kein einziges Stadion, das den internationalen Regeln entsprach, und so mussten die Färinger für ihr erstes Match ins schwedische Landskrona ausweichen, wo sie auf die österreichische Nationalmannschaft trafen. Der damals beim FC Sevilla spielende Toni Polster erwartete selbstsicher einen 10:0-Erfolg, andere österreichische Spieler waren zurückhaltender und wären mit fünf Toren Unterschied zufrieden gewesen. Doch es kam anders. Die tausendzweihundert Zuschauer, die im Stadion in Landskrona einigermaßen verloren wirkten, sahen in der zweiundsechzigsten Minute den Siegestreffer durch Torkil Nielsen, dem die Österreicher bis Spielende vergeblich nachliefen.

Die siegreichen färöischen Nationalspieler waren allesamt keine Profis, sondern eine bessere Wirtshausmannschaft: Sie arbeiteten in der Fischfabrik, waren Holzhändler oder Maschinisten. Nach ihrer Rückkehr aus Landskrona wurde die Mannschaft von zwanzigtausend begeisterten Menschen empfangen – von nahezu der halben Bevölkerung der Inseln also. Ein Lied mit dem Refrain »David stürzte Goliath« wurde gesungen, und in Österreich trat Nationaltrainer Josef Hickersberger zurück.

In der Folge wurde Fußball ungeheuer populär. Um endlich einen den internationalen Bestimmungen entsprechenden Rasenplatz zu haben, sprengte man im Ort Toftír auf der Insel Eysturoy ein Fußballfeld aus dem Felsen. Zehn Jahre lang wurden dort die Spiele der färöischen Nationalmannschaft ausgetragen, bis im Jahr 2000 dann das Stadion Tórsvøllur in Tórshavn in Betrieb genommen wurde. Es hat fünftausend Sitze – Platz also für ein Zehntel der Inselbevölkerung. Dort haben die färöischen Fußballer in der Zwischenzeit auch schon andere Mannschaften wie Island, Estland, Lettland und den einstigen Europameister Griechenland besiegt. Für die Österreicher blieben die Färöer ein Angstgegner: 2010 kamen sie, diesmal bei einer WM-Qualifikation, in Tórshavn über ein 1:1 nicht hinaus; und 2015 unterlag Red Bull Salzburg in der Qualifikation für die Champions League dem HB Tórshavn mit 0:1.

Dass viele Spieler mittlerweile bei Profiklubs anderer skandinavischer Länder sowie in Schottland unter Vertrag sind, hat der Spielstärke der färöischen Fußballer gutgetan. 2023 sorgte der KI Klaksvík europaweit für Aufsehen, als der Verein aus dem Sechstausendfünfhundert-Einwohner-Ort in der Qualifikation für die Champions League den ungarischen und den schwedischen Meister eliminierte und dann in der dritten Runde am norwegischen Vertreter scheiterte – und hier auch erst in der Verlängerung des Rückspiels.

An die fünftausend Fußballer und Fußballerinnen sind in Vereinen aktiv – das sind immerhin zehn Prozent der Gesamtbevölkerung. Und von diesen fünftausend sind ein knappes Drittel Spielerinnen – der Frauenanteil im färöischen Fußball liegt damit dreimal so hoch wie im europäischen Durchschnitt. Dass es für die kickenden Färingerinnen und Färinger eine von der FIFA genehmigte Ausnahmeregel gibt, der zufolge bei einem Strafstoß ein anderer Spieler den Ball auf dem Elfmeterpunkt festhalten dürfe, damit er nicht weggeweht wird – das ist eine schöne, aber unrichtige Legende. Nicht aber, dass auf den Inseln bisweilen Spiele über die Bühne gehen, bei denen man im Nebel gar nicht von einem Tor zum anderen sehen kann.

Die färöischen Fußballer sind erstaunliche Multitalente. Torkil Nielsen, der Torschütze aus dem Österreich-Spiel, ist ein bekannter Schachspieler, und Jens Martin Knudsen, der Tormann mit der legendären weißen Pudelmütze, spielte auch in der Handballnationalmannschaft und war außerdem dreifacher Landesmeister im Kunstturnen. Sein Ersatzmann beim legendären Österreich-Spiel, Kaj Leo Johannesen, war später von 2008 bis 2015 färöischer Premierminister.

Dass die Färöer überhaupt eine eigene Fußballnationalmannschaft haben, ist sportpolitisch nicht selbstverständlich – den Grönländern etwa wurde von der FIFA bisher eine Anerkennung verwehrt. Dabei haben bekanntlich Wales, Nordirland und Schottland eigene Nationalmannschaften, und auch Gibraltar, das ebenfalls kein eigener Staat ist. Aber vielleicht fürchten sich ja andere kleinere Fußballnationen, dass ihnen die grönländischen Fußballer ähnlichen Schrecken einjagen könnten wie jene der Färöer …

Das Internationale Olympische Komitee hingegen verweigert den Färöern die Anerkennung, sie können bei Olympischen Spielen nur als Teil der dänischen Auswahl teilnehmen. Als eigenes Team treten sie jedoch mit Ländern wie Andorra, San Marino und Zypern bei den »Spielen der kleinen Staaten Europas« an sowie bei den »Island Games«, bei denen sich alle zwei Jahre von den Åland-Inseln über die Isle of Man bis zu den Bermudas über zwanzig Inseln sportlich messen.

Der eigentliche Volkssport auf den Färöern ist aber das Rudern. In jedem Hafenbecken kann man Abend für Abend unter den Rufen von Steuermann oder -frau die Sechser oder Achter bei ihren Trainingseinheiten sehen, und zu Ólavsøka, dem größten Fest der Inseln, bildet die Ruderregatta den sportlichen Höhepunkt. Die *føroyskir bátar*, Färöboote, wie der besondere Bootstyp genannt wird, leiten sich von den Wikingerschiffen ab. Während der Zeit des dänischen Handelsmonopols, als den Färingern der Besitz eigener Handelsschiffe untersagt war, wurden mit ihnen Lebensmittel von den Shetland- und Orkneyinseln herangerudert.

Dass ein solches Boot weit längere Distanzen überwinden kann, bewies im August 1986 Ove Joensen. Um für das geplante Schwimmbad auf seiner Heimatinsel Nólsoy Geld zu sammeln, wollte er bis nach Kopenhagen rudern. Nach zwei gescheiterten Versuchen schaffte er es im dritten Anlauf und brauchte dazu einundvierzig Tage – allein im Boot, nur von einer kleinen Katze begleitet. Das Schwimmbad auf Nólsoy gibt es bis heute nicht, dafür aber erinnert dort jeden August ein Bewerb mit dem Namen Ovastevna, also »Ove-Treffen«, an seine Leistung. Bei diesem Wettrudern wird weiter Geld für das Schwimmbad gesammelt.

Verborgene Welten

Hulden, Trolle und die Elfen in unserem Ofen

Unser Kaminofen fällt sofort auf, wenn man den Raum betritt. Mannshoch steht er an der Innenwand des großen hellen Wohnraums, der neue skandinavische Klarheit mit alter Bürgerlichkeit kombiniert. Es gibt eine Holzdecke mit geschnitzten Balken, ein Klavier und an den Wänden moderne Kunst in zurückhaltenden Farben.

Der Ofen ist aus Gusseisen, hat eine Gittertür und drei kleinere Türchen. Er ist reich verziert und erinnert ein bisschen an die Salons der Bühnenbilder zu Stücken von Ibsen oder Strindberg. Man könnte ihn mit Holz und auch mit Kohle heizen. Das ist aber nicht nötig, die Zentralheizung funktioniert und hält die Wohnung warm – und zwar das ganze Jahr über. Wir sind ja auf den Färöern.

Der Ofen steht also einfach da und ist ein Schmuckstück ohne Funktion. Ein Relikt aus alten Zeiten. Denken wir.

So ist es aber nicht, wie wir bei einem Besuch bei unserer Vermieterin erfahren. Wir sitzen bei einem Glas Wein, als sie sich plötzlich erkundigt, ob wir schon Kontakt mit den Bewohnern des Ofens gehabt hätten. Wir denken zuerst, dass wir bei der Konversation auf Englisch etwas falsch verstanden hätten, dann lachen wir über den Scherz – und merken plötzlich, dass es vielleicht doch keiner war. Unsere Landlady ist eine polyglotte Frau, sie hat schon die halbe Welt bereist und lebt immer wieder monatelang in anderen Ländern. Und sie sagt: In eurem Ofen gibt es Lebewesen, ich habe sie schon öfters gehört, sie sprechen mehrere Sprachen und sind ganz friedlich. Manchmal nehmen sie von sich aus Kontakt mit den Bewohnern auf, aber nicht immer. Sie gehören zu diesem Haus, seit es ein schwedischer Matrose vor mehr als hundert Jahren gebaut hat, als er zu Geld gekommen war.

Sie erzählt ganz sachlich von den Wesen, im selben Ton, in dem sie uns die Mülltrennung erklärt. Keine große Sache, es sollte halt erwähnt werden. Und wir schauen uns verwirrt an: Ist das jetzt ein ironischer Hinweis auf den bekannten färöischen Glauben an Geistwesen, war da ein Augenzwinkern dabei? Oder meint sie das wirklich so? Wir fragen aber nicht mehr weiter.

Nach dieser Unterhaltung schauen wir unseren Kaminofen ein wenig unsicher und jedenfalls mit Respekt an. Wir beschließen, die Elfen als gute Schutzgeister anzusehen. Gehört haben wir sie nie. Aber wir haben, wenn wir am Ofen vorbei in die Küche gegangen sind, einen größeren Bogen um ihn gemacht.

* * *

Sie sind freundlich, diese koboldartigen Wesen mit abstehenden, strubbeligen Haaren, mit drei, vier oder auch fünf Fingern, die dicken nackten Frauen mit großen Zähnen und Brüsten oder die Wassergeister mit langen, ungebändigten Haaren wie Tentakel. In den Werken von William Heinesen, des bedeutendsten färöischen Malers und Dichters des 20. Jahrhunderts, treten sie immer wieder auf. Auf den Fenstern im Obergeschoss des Restaurants »Katarina Christensen« in Tórshavn sind einige von ihnen abgebildet, das Haus in der Bringsnagøta war das Geburtshaus Heinesens.

Das *huldufólk*, die verborgenen Wesen, das sind: Elfen, Alben, Trolle und Gnome. Sie wohnen in Felsen, in kleinen Häusern oder auch in Öfen – wer kann das schon so genau wissen. Auf alle Fälle sollte man mit ihnen sorgsam umgehen: In Lambi auf der Insel Eysturoy liegt ein mannshoher Felsen direkt an der Anlegestelle, so groß wie ein Kleinbus. Beim Ausladen der Fischerboote ist er ziemlich im Weg, doch niemand würde auf die Idee kommen, ihn zu sprengen oder entfernen zu lassen – schließlich soll dort allerlei *huldufólk* wohnen. Auf dem Steinblock ist mit weißer Farbe ein kleines Fenster aufgemalt – beim färöischen Elfenglauben ist immer auch ein ironisches Augenzwinkern dabei, das offenlässt, wie ernst das alles wirklich gemeint ist.

Auch im benachbarten Island glaubt man an verborgene Wesen, dort machen schon mal Straßen einen Umweg um einen Felsen, der als bewohnt gilt. Und an der Universität von Reykjavík gibt es einen Menschen, der die Vorstellungen vom *huldufólk* beforscht – und er ist wahrscheinlich nicht zufällig kein Isländer, sondern stammt aus England. Terry Gunnell ist Volkskundler, bei einem Islandaufenthalt besuchen wir ihn an der Fakultät für Soziologie am Rand der isländischen Hauptstadt. Der Prozentsatz von Menschen, die an Naturgeister glauben, sei auf den Inseln im Nordatlantik jedenfalls höher als anderswo, sagt er. Und präzisiert: Genauer gesagt sei hier der Prozentsatz von Menschen höher, die deren Existenz jedenfalls nicht verneinen würden.

Das sei aber nicht verwunderlich, erklärt Gunnell und verweist erst einmal auf die wilde Natur, die langen Winter und das schwere Leben. Der Glaube an Geister habe geholfen, die Gewalten der Natur zu erklären: wieso das Boot im Sturm untergegangen war, warum das Ufer abgebrochen und warum der Vogelfänger von der Klippe gestürzt ist. Die bösen Trolle seien Repräsentanten einer feindlichen oder furchterregenden Umwelt. Die Elfen hingegen, so Gunnell, hätten in kargen Zeiten die Sehnsucht nach einem leichteren und glücklicheren Leben repräsentiert. Deshalb seien sie auch den Menschen so ähnlich: Sie wohnen in Häusern, essen, übersiedeln, haben Kinder, verlieben sich, werden alt und gebrechlich.

Außerdem muss man sowohl im Fall von Island als auch der Färöer deren spätes Eintreten in die Moderne berücksichtigen – Fotos noch aus den 1930er Jahren zeigen schlammige Wege und Menschen in tiefer Armut. Erst in den sechziger Jahren wurden die vereinzelten, nur mit Booten mühsam und wetterabhängig erreichbaren Dörfer durch Straßen verbunden. Die »alte Zeit« liegt hier noch nicht lange zurück, und die Vorstellungen aus der

Vergangenheit sind durchaus noch wirksam. Der Glaube an Naturgeister ist ein Ausdruck von Unbehagen über den schnellen Einbruch von Technik und Zivilisation in eine Gesellschaft, in der die Zeit der stromlosen Torfhütten noch nicht lange vorbei ist.

Die Elfen, die ihre Felsen bewohnen, sind inmitten der Zivilisation die Repräsentanten der Natur, sie stehen für die Erinnerung an die alte, ländliche Gesellschaft. »Man kann das als symbolische Reaktion auf die Ankunft der Technologie und der neuen Maschinen sehen, die die Landschaft zerstören«, sagt Gunnell. Die Elfen hingegen stammten aus der früheren Welt, sie sind als Naturgeister eng mit der Schöpfung verbunden.

Terry Gunnell ist ein freundlicher Mann, der gerne Auskunft gibt. Aber er hält nichts von der Überheblichkeit, mit der oft über den Elfenglauben in den Ländern des Nordens berichtet wird. Wir haben, so sagt er, keinen Grund, uns über diese Vorstellung lustig zu machen. Und setzt, sich seiner Provokation bewusst, hinzu: »In katholischen Ländern glauben die Leute an einen Gott, der für sie gestorben ist. Warum ist es so seltsam, an Geister in der Natur zu glauben? Da ist nichts Abwegiges dran.«